# 从相信出发

## 培养学生
## 对自己的选择负责

冯大学 / 著

中国出版集团　现代出版社

**图书在版编目（CIP）数据**

从相信出发：培养学生对自己的选择负责 / 冯大学
著. — 北京：现代出版社，2023.10
ISBN 978-7-5231-0521-4

Ⅰ.①从… Ⅱ.①冯… Ⅲ.①中学—教学法—研究
Ⅳ.①G632.4

中国国家版本馆CIP数据核字（2023）第182348号

# 从相信出发：培养学生对自己的选择负责

| | | |
|---|---|---|
| 作　　者 | 冯大学 | |
| 责任编辑 | 刘全银 | |
| 出版发行 | 现代出版社 | |
| 地　　址 | 北京市安定门外安华里504号 | |
| 邮政编码 | 100011 | |
| 电　　话 | 010-64267325　64245264 | |
| 网　　址 | www.1980xd.com | |
| 印　　制 | 北京政采印刷服务有限公司 | |
| 开　　本 | 710mm×1000mm　1/16 | |
| 印　　张 | 14.5 | |
| 字　　数 | 234千字 | |
| 版　　次 | 2023年10月第1版　　2023年10月第1次印刷 | |
| 书　　号 | ISBN 978-7-5231-0521-4 | |
| 定　　价 | 58.00元 | |

# 序　言

## 行而不辍　未来可期

代序一

　　看到冯大学校长的书稿《从相信出发——培养学生对自己的选择负责》，我很高兴。冯大学是我众多学生中的优秀代表。35年前，我在给西南师范大学数学系1985级上《中学数学教材教法》时，冯大学是这个年级的学生，课堂表现优异。当时，在国家级突出贡献专家、时任西南师范大学校长陈重穆教授及数学教学专家王秀泉先生的领导下，数学系中学数学教材教学改革实验组组织了多套实验教材编写，冯大学作为我们指定的学生负责人，组织数学系1985级同学积极参与中学数学教材教学改革实验组的一些辅助工作。其间，在教材编写、实验区优质课展示上，冯大学表现出良好的综合素质，得到实验组许多教授及实验教师的肯定，并被推荐留在西南师范大学附属中学任教，但他选择了回到家乡工作。1993年8月，在工作4年后，他被调回西南大学附属中学（原名"西南师范大学附属中学"）工作。从初一到高三，他教两个班数学课，负责数学竞赛辅导，教育教学成果特别突出。1999年重庆市高考理科第一名刘晋就是他的学生，由他任班主任的班级高考成绩也特别优异。在西南大学附中工作期间，他探索出"不预习下的发现式教学法"，并不断实践，不断修正，取得系列研究成果，并于2017年出版专著《不预习下的发现式教学法的实践与探索》。1999年8月，他被调入深圳市高级中学工作，很快进入管理岗位。他先后任深圳市高级中学初中部副校长，深圳市第二实验学校副校长，深圳市南山外国语学校（集团）副校长、高级中学校长，深圳市松坪学校校长。目前，他被委派筹办深圳市最大的单体高中"深圳市致理中学"。

35年以来，我们一直保持联系。在我的印象中，他喜欢学习，善于思考，眼光敏锐，敢于改革。1996年到1999年，他连续参加教改实验组教材修订工作，其中他提出的一些中肯的修改建议都被采纳。从在深圳市高级中学任年级长开始，他就组织学生长跑比赛。在深圳市南山外国语学校（集团）高级中学做校长时，他要求各个年级都要进行全员长跑比赛。其实，早在西南师范大学附属中学做班主任期间，他所任班主任的班级，从初一到高二，连续五年都是年级运动会总分冠军就是一个具体体现。在深圳市南山外国语学校（集团）高级中学期间，他进行了系列改革。我曾经到校了解了一次，他在2018年提出全校实施学生"自主管理"，在学校提倡"效率第一""培养学生对自己的选择负责""从相信学生出发"等系列改革及实践措施，经过几年探索，取得了很好的成绩，学生身心健康状况好，高考综合素质高，得到家长普遍认同。他坚信"没有健康快乐的老师就带不出健康的学生"，我也非常赞同这个观点。

其实，冯大学校长的系列改革，都是源于一个出发点——"相信学生，一心为学生"，真正考虑如何让学生身心健康。如今，他将这三十多年的思考和探索汇集成了《从相信出发——培养学生对自己的选择负责》这本书，其中包含了他对素质教育、教学、管理等方方面面的思考。这么多年来，冯大学校长从西南到深圳这个教育改革开放的前沿城市，从一名普通老师成长为拥有广东省"特支计划"名教师等众多头衔的名师，从一名一线老师成长为深圳市最大的单体高中中的校长，这其中一定有很多他的心得、智慧和秘诀，相信我们都能从本书中找到答案。因此，我相信冯大学校长这本书一定能为教育管理者、教师提供有益的参考；也相信在冯大学校长的带领下，他筹建的深圳市致理中学会很快成为深圳市学生真正喜爱的学校，为深圳市高中教育先行示范树立新样态。

应冯大学校长一再邀请，略述几句是为序。

2023年4月26日

［注：宋乃庆系西南大学二级教授、博士生导师，国家教学名师，当代教育名家，教育部西南基础教育课程研究中心主任；原教育部基础教育课程教材专家工作委员会副主任，原全国数学教育研究会副理事长，原西南师范大学校长、西南大学常务副校长。］

# 用心做研究　实践出真知

代序二

1993年，我在西南大学主持博士答辩时认识了当时在西南大学附属中学当数学老师的冯大学老师。那时的他年轻，好学，喜欢参与各种教改实验。他认识我后就请我去给他们的数学老师和学生做报告，我报告的主题思想总是反对大量的做题训练。他理解能力强，就迅速严格实施，在实施过程中，他感觉充分利用课本例题习题效果更好，于是他逐步开始了不预习的教学实验。通过不预习来提高例题习题的利用效率，来提高学生课堂效率并达到减轻学生负担的目的。在后来的接触中，我了解到他教育教学成果很多，很有特色；他还专门做了减轻课业负担的轮换对比试验，发表了《从一项实验谈减轻学生课业负担的途径》的研究论文并获重庆市二等奖。我知道他从大三开始就一直跟随当时的西南师范大学陈重穆校长以及后来的宋乃庆校长做教改实验，并参与了对陈重穆校长的教改实验教材的修订。2003年我主持湘教版教材编写，聘请他为我的助手。后来，他组织另外一个老师共同编写湘教版教材第三册教师用书，任主编，独立编写立体几何部分，也负责统稿全书。他还多次参加实验区教师培训，受到老师们的欢迎。我们的湘教版高中新课程标准教材受到教育部全国中小学教材审定委员会的高度评价，并且是中华人民共和国成立60年来成功进入台湾的第一套大陆中学教材。

他虽然换了几个单位，早在2000年就开始当深圳市高级中学的年级主任，然后开始逐步进入管理层，但始终坚持在教学第一线。他常常告诉我他最喜欢的还是课堂的讲台。所以，最近几年，他到处讲示范课，讲他的教学想法和思想，并不断参加各种学术活动。也不断见他有研究文章发表，尤其是他结合不预习，对中学生的发现式教学的探索，我觉得很有价值。前几天看到他的科研课题"发现式教学法在初中数学教学中的实践探索"结题，我觉得他们的研究很有价值，还可以进一步深入研究，我为有这样的中学数学教师而高兴。他发表的文章，刊登的杂志级别都不一定很高，但是，他的文章都是原创，都是实实在在从课堂实践中来，都是真实实践的产物。他的研究虽然没有大学教授所做的那么高深，但确实很实用，尤其是对减轻学生课业负担、提高教学质量以及为学生的后续发展提供了广阔的空间。我觉得值得推广，值得让更多的老师尝试。

李尚东

2016.11.2.

　　［注：李尚东系中国首批博士，北京航空航天大学教授，博士生导师，国家"万人计划"教学名师，中国高等教育学会教育数学专业委员会理事长。］

# 从相信出发，教书育人

## 自序

从国家级贫困县的最远乡村学校到县一中，再到全国名校"西南大学附属中学"（原名"西南师范大学附属中学"）再到深圳市高级中学等名校，包括这次筹建的深圳市最大单体高中"深圳市致理中学"，我先后在8所不同类型的学校工作。有名不见经传的学校，也有如雷贯耳的名校，地域不同，师资不同，学生不同，但是教书育人的本质却是相同的。

从事教育教学工作34年，我始终坚信教育的最终目的是让学生健康快乐成长。如果教育毁掉孩子的健康，那么教育的目的何在？如果教育令学生感到痛苦，那么教育的意义何在？如果教育不能让学生成长，那么大量的在校时间岂不白费？

在国家提倡"双减"教育的时代背景下，有一种论调：素质教育与注重分数是对立的，注重素质教育，便不要提分数，提了分数就不要谈素质教育。有一种观点：得高分一定要刷题苦读；搞素质教育，成绩肯定就搞不好。这些年，我的教学实践和思考却走出了这个迷思：素质教育与考高分是相辅相成的，真正好的素质教育会锻炼出真正的能力，对大考小考拿到高分是助力而不是阻力。为此，我坚信，学生的时间效率特别重要，有了时间就有了一切，所以，教学上必须注重"效率第一"。

早在2011年，我曾向深圳市教育局写了一封建议信，标题是"关于减轻学生课业负担和提高教学质量的建议"，通过对深圳市现状的分析，提出为了切实提高教育教学质量，落实素质教育，减轻学生课业负担，建议：

（1）加强质量检测。现在个别学校把减轻学生课业负担作为借口，不认真抓学生的养成教育及学业成绩，为此有必要进行必要的质量检测。深圳作为改革先锋城市，可以考虑全市或者以区为单位统一对小学三年级和六年级进行两次质量检测。

（2）因为有质量检测，势必就有学校会加重学生的课余负担，因此要加强对学生课余负担情况的调查，调查采用不定期的方式进行，或者各区教育局和市教育局设置投诉信箱或者开通投诉渠道，目的不是通过调查来批评学校，而是促进深圳市教育水平更上一层楼。

现在看来，信的内容和"双减"有许多呼应之处。1995年，我做过轮换对比实验（见书中文章《从一项实验谈减轻学生课业负担的途径》），确认"减负增效"切实可行，数学老师、班主任以及中层干部都坚定不移地坚持"减负"。我的每届学生初三中考或高三高考及数学竞赛都取得了非常优异的成绩。2016年，我在深圳市第二实验学校做副校长，当时校长鲁江也是"减负增效"的倡导者，他带领我们率先在高三砍掉下午第四节课，坚决反对在晚自习讲课，2016—2018年该校连续三年高考重点率提升超过10个百分点。2018年7月，我在深圳市南山外国语学校（集团）高级中学（以下简称南外高中）做校长，在全校进行相应改革。我用实践验证了观点的有效性，因而在教学岗位和管理岗位上实行"效率第一"就更加自信了。

作为学校管理者，我始终把几十年教改所得的"效率第一"作为管理及指导工作的出发点，坚定不移地推行在教师引导下的学生"自主管理"，我提出"培养学生对自己的选择负责"，希望学生学会选择。

我们知道，"选择能力"无疑是人一生中最重要的能力，选择就读学校，选择班级，选择学科，选择大学报考的学校、学科，选择就业地域，选择就业单位，甚至选择结婚对象，等等，不同的选择将直接决定不同的人生。

"亦余心之所善兮，虽九死其犹未悔"，对自己的选择负责，是人生的大命题。基于对选择认知的深度思考，我希望，我们的学生对自己的选择负责，因而"培养学生对自己的选择负责"这一命题就成了一个关键因素。如今我们看到大量接受了完整教育的人，茫然于自己的选择，职业规划不是听了家长的，就是听了老师的，或者是听了顾问的，极少有人是听了自己内心的声音。往后余生，所有职业生涯的不顺利都可以归咎于当初做选择的人是别人，而不是自己。只要把责任推给他人，自己就可以心安理得，这是一种极不负责任的想法。

懂得选择，勇于承担，这并不是一下子就学会的，因而需要在教学过程中点滴注入。与"自主管理"配套，实施"无人监考"，高三减少考试，增加自习时间，增加体育锻炼时间，组织学生参加正常的社会实践活动，把学生从题海中解救出来，留出更多的时间给学生。我们既需要教师精讲精练，还要求教师允许学生选择性做题，我们称之为"学生的二次选择"，因为学生个体差异是存在的，即便两个数学学科考试得分一样的学生，都可能差距很大，比如一个代数类错，一个几何类错，因此，提高效率的最佳方法就是二次选择。这样可以保证学生不浪费更多的时间，也让学生知道作业的目的是帮助提高，而不是完成教师交给的任务，当然这一切都需要"相信学生"，没有相信为基础，一切改革都不可能成功。

现在许多教师和家长，不太敢相信学生，预设学生是不懂得选择的，而且认为学生承担不起犯错误的后果，因而在顶层设计上就极力规避"选择"这个需要高度思考的选项，直接给出选择的结果，并以"都是为你好"为理由而理直气壮地推行。从相信出发，教书育人，是一个思想实验，也是一个真实的试炼场。这一系列改革，当然是需要教师理解并支持的。我始终认为，得教师者得学校，也经常在校长培训班上讲解我的观点。

我在南外高中任校长的三年，学生升学率大幅攀升。例如，2019年学校理科优投率创历史新高，以85.4%跃居全市第六；2021年全校优投率85.46%，稳居全市第八。学生成果丰富多彩，学校影响力大幅攀升，学校录取分数线也大幅上涨，事实证明，我主政南外高中的三年实现了高考及扩容提质双丰收。其实，在刚刚进入南外高中时，我就在原华东师范大学教师教育学院院长、现华东师范大学附二中校长周彬教授的指导下，写出学校办学规划，标题是"树人立己，精进卓越"，坚持教育家办学方向，强调师生共同进步。

也正因为过去几年，一心想成全教师，相信教师，所以优秀教师不断涌现。广东省特级教师、南粤优秀教师、深圳市年度教师在南外高中产生；英语学科技能大赛全省第一名在南外高中；高中班主任大赛全市第一名在南外高中；学校被评为深圳市办学先进单位，等等，这些成绩，都源于对老师的信任。

本书还收录了2017年出版的《不预习下的发现式教学法的实践与探索》一书的部分内容，删除了许多已经发表的论文和课例，留下了教改的核心部分。诸君可以从这部分内容深入了解我的教改思路。之所以将部分旧文再拿出来，是因为从逻辑上来讲这些案例是我的教育思考的现实根源。三十几年的数学教学第一手经验，二十几年的学校管理第一手经验，我的教育思想是从实际的教学与管理中提炼的，而非单纯地顺应国家方针政策。

关于教改，我有两个问题需要特别说明：

第一，早在1988年我在西南师范大学（今西南大学）读书时参与并看到了专家们编写教材的过程，知道教材例题习题的精雕细琢，真实地知道了教材内容的重要性；而部分老师，因为让学生预习，所以将教材全部抛开，本末倒置地另外选择题目来讲解，效果显然不会好。

第二，我们必须重新考虑学生的学习效率问题。我发现许多采用"导学案"进行教学的教师，需要学生课前预习完成导学案，上课还美其名曰"发现新结论""猜想解法"等，更为重要的是，学生完成课后作业还要几十分钟，这样，一节课课前课后学生所花时间太多，严重与国家"双减"政策相违背。教改最重要的目的是"减负增效"，"短时高效"是我一直研究的主要方向。不需要课前预习，减少了学生的时间负担，更符合"双减"，学生有时间，就有自我完善、自我提升的可能。教师如果不相信学生，就会想尽办法把学生的时间安排满，生怕学生浪费时间，从而使学生没有自我提升的余地。

教学与管理，是我职业生涯的两面，两者相互融合、相互促进、相互印证。《不预习下的发现式教学法的实践与探索》是我教学理念的初探；从相信出发，教书育人，培养学生为自己的选择负责，是我管理理念的思考。不让学生的头脑成为知识的跑马场，而是让学生自己学会探索、学会思考、学会举一反三，那才是深度的学习；从相信出发，效率第一，素质与分数融合，相信学生可以做选择，且能为自己的选择负责，是一种更需要胆量的"管理选择"。

现在，我在紧锣密鼓地筹办深圳市最大单体高中"深圳市致理中学"。在总结过去经验的基础上，我们仍然与周彬教授团队合作，在征求了北京师范大学、西南大学等相关专家意见的基础上，有关"三风一训"及核心要素为：

校风：诚朴为人，科学处事。

教风：以教促学，以爱育爱。

学风：严谨求学，勇毅创新。

校训：好奇、勇气、有爱。

办学理念：致知穷理，笃行不怠。

课程体系：国家课程、个性课程、科创课程、爱生课程。

这样的构思，是希望我们的学生终生要有好奇心，要敢想、敢做、敢担当，还要有爱心，学校要想尽办法早发现、早培养学生的特长，张扬学生个性，树立学生自信心，对学生的将来负责，为祖国未来建设培养优秀人才。

最后，我感谢一路以来对我悉心指导的专家、学者，感谢支持我的领导、同人，以及信任我的学生及家长们。我热爱教育，愿以拳拳之心为教育事业尽绵薄之力。教育之路漫漫，我将上下求索，并与大家同行。

冯大学

2023年4月26日

# 目 录

## 第四章　制定规划建名校

## 第五章　素质教育提素养

## 第六章　心得鼓励促成长

# 1 第一章 | 实践策略助教学

# 培养学生对自己的选择负责

——南山外国语学校（集团）高级中学德育自主管理模式探索及实践

"最好的教育是师生共同成长。"冯大学校长的这句治校感言，成为南外高中教师、学生专业成长最好的注解。

南外高中的办学理念是"树人立己，精进卓越"。树人立己，既指教师不仅要像培育树木一样教育学生，也要在教育学生的同时，确立自己的职业专业地位；也指学生在未来的职业生涯中，不仅要有助人之心，也要有立己之意。精进卓越，是指不论教师的教学，还是学生的学习，都需要通过不断求真求善，才可能达至卓越。南外高中一直注重学生的成人与成才，重视学生可持续学习和适应能力的锻炼与培养。为此，在总结过去多年德育实践的基础上，南外高中明确提出了大力推行科学的德育"自主管理"模式，该模式探索与实践已有将近一年的时间，取得初步成效。

## 一、南外高中推行自主管理的原因

招生模式的多元化和成长路径的多样化呼唤学生的个性化成长。

2019年4月23日，《广东省深化普通高校考试招生制度综合改革实施方案》（以下简称《方案》）正式发布。广东省将从2018年秋季入学的高一学生开始，实施新的普通高中学业水平考试实施方案、新的普通高中学生综合素质评价实施方案，并在2021年采用新的高考考试方式。《方案》突出学生的"选择性"，是此次新高考改革的最大特点。这个过程涉及两个问题：一个是选择意愿，即学生自己有没有选择的意愿；另一个是选择能力，即学生自己有没有进行自主选择的相关知识和能力。

传统的观点认为，中小学教育就是教师和家长抱着孩子成长，到升入理想的大学就放手，这样真的可行吗？据悉，高校总有一部分孩子不能自我管控，不能很好地进行自我规划，在高校学习期间一事无成，轻者不能正常毕业，重者误入歧途，给家庭和社会造成损失。基于此，南外高中抓住2018年9月搬去新校区的契机，明确提出大力推行科学的德育"自主管理"模式。无独有偶，在新高考改革话题讨论中，自主管理能力也逐渐成为话题中心。2018年12月8日至9日，"新高考与自主招生"2018中学校长公益论坛在南外高中举办，来自全国500多位中学校长和教育管理者带着对新高考和自主招生的思考，在南外高中展开交流与讨论。北京大学、中国科技大学、南开大学、武汉大学等多所名校的专家都在大会上呼吁中学要培养学生的自主管理能力。

## 二、南外高中的自主管理模式

教师要教会学生对自己的选择负责。

南外高中秉承"唤醒自主意识、提高自主能力、培养自主精神"的教育理念，从"学会选择"入手推行自主管理模式，旨在引导学生知道如何选择、如何决策，并对自己的选择负责。为此，学校统筹组织了班务自治、作业二次选择、自主学习计划、无人监考、社团选报、导师选择、手机管理、自办赛事等教育活动，以及体育节、传统文化节、英语节等多项校园活动，以学生为主体，使学生有机会全面参与学校的各项工作。学生宿舍床品采购与选择、宿舍文化布置与评比、宿舍区域卫生均由学生负责……学校不断提供给学生自主管理锻炼的机会，让他们积极融入各种活动。学生通过这些具体活动逐渐建立起一个由自我认同、自我接纳构筑的坚强内核，形成自我管理、自我发展的成长机制。

南外高中尝试给予学生自主管理更全面、更充分的发展平台。校长午餐会、菜品组合意见、食堂义工安排等由学生会自我管理；图书馆文化建设、协助管理规划和组织图书馆工作、读书会活动等均由团委义工联负责；包括春季足球赛等学生班级之间的各种赛事，从设计策划方案，到组织队伍，落地实施，全都由学生会一手自主组织。他们"要去协调每个班的时间安排""要根据不同天气状况准备不同的预案""要考虑如果有同学场上受伤了如何确保及时得到救助"。学生在一次次体验中完成"自我雕塑"，组织能力、协调能力等各种能力得到锻炼与提升，从而达到学校所期望的学生"思想自由，行为自律，人格自强"的目的。

## 三、让自主管理落到实处的策略

让学生心智在磨炼中获得成长。

**（一）系统整合学校德育活动，推动德育活动的课程化进程**

将德育活动与教学活动进行一体化设计，实现整体育人与全员育人。

**1. 为学生量身定制导师制，从容应对新高考**

南外高中导师制起源于2010年高三高考复习备考的导师制管理，学校德育队伍为导师制的推行积累了一定经验。2018年9月针对新高考的变化，南外高中基于全员育人的教育理念，着眼于学生的个性化指导，重新规划导师制，把学生高中三年都纳入规划：高一引领示范，高二规划总结，高三保驾护航。高一、高二的导师制工作重心在学生的生涯规划以及学习、活动的计划总结上，高三的导师制工作重心在高考备考和心理健康上。

把导师制作为学生发展指导支撑体系，是因为新高考选课走班的变化，使教师对学生的了解具有滞后性和片面性，对学生的帮助不能做到有的放矢。为此，南外高中强调三年导师不变，导师为学生建立个性化数字档案，学生的每一次选择、每一次选择后的奋斗记录、每一次的学业成绩、专长特长的努力成果，都会被导师和学生全程记录和反馈，引领学生快乐健康成才。可见，导师成为学校班主任工作的必要和重要的补充，也是学校德育团队的核心成员之一；导师制为保证学生个性化、差异化、自主化成长提供了创新性制度保障。为此，学校在2018年9月初推出了高一导师的名单及介绍，让学生预选心仪导师。2018年9月24日，南外高中网上抢导师正式开始，在尝试双向选择的同时还强调学生抢导师，目的是让学生学会选择与把握机会。实际上，这次有几个导师的学生名额在10秒之内被抢完，这次活动对学生自主管理能力的培养意义超出我们的预想。9月26日，高一学生聘导师大会如期进行，首次实行学生给自己的生涯导师发聘书。当天，43名校内导师纷纷走上讲台，从学生手中接过导师聘书。这一举措，不仅让学生成长路上多了位引航人，更让学生的个性化发展得到了支撑。

"导师和学生就像组成了一个大家庭，老师领着我们一步一个脚印前进。"学生陈芊如谈到，大多数时候，导师更关心学生的思想与生活。"他愿意了解我们的真实想法，有针对性地进行正确的引导，和我讨论观点，帮我树立正确的人生观和价值观。"实施以来，学生更多的是与导师交流心得，与导师敞开心扉诉说自己的学习及生活的困惑。可见，导师制为学生自主管理能力的提升提供持久、全面的保障。

**2. 优才计划，助力学生全面而个性的健康发展**

优才计划，作为南外高中特色化、优质化发展的总体方案，助力学生全面而个性地健康发展。优才计划课程体系由拓展课程和特色课程两部分组成，拓展课程着眼于全面发展，特色课程重在个性培养。优才计划的课程体系体现了多元人才观，是对南外高中过去15年办学举措的继承与发展。

为了帮助学生更好地认识自己，更科学地制定成长规划，南外高中在2018年9月引入了科学的心理量表，如多元智能测试、霍兰德职业兴趣测试等，做到"因材制宜"配备导师；2018年11月，南外高中与香港中文大学、中国科学技术大学、中科院、纽约大学等教育科研单位开展积极合作，聘请科技、金融等领域的专家为校外导师，积极引进社会上高端的教育资源；2018年12月，南外高中充分利用深圳市名师工作室主持人联盟等智力资源，完善校外脑库建设，从单一活动转向课程资源共建；2019年4月，南外高中整合行业专业人士、专家型教师等人力资源，共同参与南外高中"优才计划"课程建设，建设高端、富有强大引领力的支持团队，为每一位学生的充分发展提供和创设"因材制宜"的教育条件和方式，力争做到"人尽其才，各显其能"。

例如，STEM社团，作为南外高中优秀学术型社团之一，把本科毕业、研究生阶段才能接触到的课题研究打造成缩小版的中学生课题研究，最大限度地培养学生的批判性思维和提升学生创造性解决问题的能力。随着高考改革的推进，研究性学习成果已经成为高校自主招生评价的重要内容，也为高中教育转变教学方式、探索多元培养提供了路径。南外高中将研究性学习列为创新人才培养方式的"独立学习计划"，引导学生从生活中发现问题并转化为可研究课题，在研究过程中培养学生的创新精神和实践能力。

自小热爱计算机的机器人社团学生表示，未来打算从事人工智能相关领域，希望有更多机会体验人工智能课程项目。南外高中重点培养学生"人工智能+"的思维和兴趣，首创体验式学习课程：课程的原理是把一个个复杂的知识点变成一个个通关的游戏，通过玩游戏去理解一些比较复杂、抽象的人工智能概念。例如，为了让学生理解DFS（深度优先搜索）和BFS（广度优先搜索），专家教授引导学生与"机器小猫"一起从不同的路径去体验两者鲜明的差异。

**（二）强化教师指导责任，提高学生的意识和能力**

强化对学生自主管理的指导，推进学生自主管理的科学化进程，全面提高学生自律意识和整体提高学生自主管理能力。

**1. 加强培训，促进经验交流**

南外高中加强导师队伍培训，制定系统化专业指南，不定期召开导师经验交流会，分享心得与体会。尤其是针对新高考，学校采用"请进来"和"走出去"的方式对导师队伍进行培训，确保导师队伍的专业水平，从而真正做到指导的科学性。

**2. 引导学生制定科学的自主管理办法**

通过对学生前期自主管理经验和教训的总结，按照学生生活自主管理、学生学习自主管理和学生组织自主管理三个类别，学生处团委和学生会共同开发相关内容的自主管理条例，尤其是学校尝试将已经比较成熟的学校管理制度（如电子产品进校园规定）抛给学生，让学生在广泛讨论的基础上，提出修改意见并做具体修改。学生干部组织修改、反馈及定稿工作，经学校党政联席会议审议后定稿并实施。在讨论修改过程中，学生对管理制度的认识与理解更加深刻，自律意识也逐步提高。学生通过强有力的自律，借助于丰富的自主管理经验和科学的自主管理方法，整体提高自主管理能力。

**3. 配套自主管理实施，成立学生模拟法庭**

通过模拟法庭的形式，学生比照国家有关规定、学校相关制度，对学生行为进行庭审。学校让学生来评判什么事情可以做，什么事情不可以做，从而锻炼学生明辨是非的能力，使学生树立正确的是非观念。模拟法庭活动树立了学生的法律意识，同时也为自主管理提供强有力的法律保障。

## 四、教会学生真正实现自我的方法

南外高中希望学生在不断精进学业的同时，学会自主学习，对身边的人和周遭社会保持关切。

谈到自主学习，南外高中聘请国家"万人计划"名师、深圳市名教师、特级教师等63位九大学科顶尖学者为校外导师，想方设法为学生提供多元化的资源，以充分满足学生多元化选择的需要。

南外高中不仅强调学生"自主地学"，同时强调学生"充满智慧地玩"。南外高中有着非常丰富的校园生活，学生可以尽情地施展才华、探索未知领域。全国"八大高中优秀模联社团"之一的模拟联合国、以"课题探究"为特色的STEM、化学诺贝尔、MT财经素养、潮生文学社、数学建模、女子垒球等数十个学生社团，为学生发挥特长、扩大交流提供了多元的发展渠道。每年艺术节、体育节、科技节、垒球赛、足球赛等数十项竞赛活动，也为学生提升组织能力、团队协作能力等搭建了广阔的平台。

另外，南外高中还要教会学生怎么样做出真正的自主选择，否则学生可能会在这种多元的选择中迷失。他们要学会如何去管理自己的目标，如何真正地实现自我。南外高中围绕学生的目标提供广阔平台支持，学生可以在实践中试错、反思，把初期的一个模糊目标逐渐过渡为一个真实目标。

例如，南外高中实行体育、美育课程的自主选择，实行分项选课走班式教学。体育课分垒球、射箭、篮球、排球、游泳等8个单项，美育课有美术、舞蹈、古典音乐和流行音乐4个单项。目标是使学生高中三年，掌握享用终身的1~2门体育特长和艺术特长，为学生的终身幸福奠基。

南外高中希望，在高中阶段每个学生都可以成为一个完全自我驱动的人，在创新性教育活动中最终形成预判趋势的洞察力、整合资源的创造力、把握全局的领导力。

## 五、自主管理模式的初步成果

### （一）发现问题并解决问题的意识更加浓厚

通过近一年的自主管理实践，南外高中发现学生解决问题的能力与方式正在逐步发生改变。2019年2月，教学处按照老校区惯例给出了期末考试座椅摆放方式的建议，高二（1）班李同学立即给校长写信，信中给出了教室具体宽度和长度，给出了几种课桌椅摆放方式的优缺点，最后给出了最佳的摆放建议。类似的情况在校园中时有发生。这样一个问题，彰显了学生发现问题并解决问题的能力，这正是学校希望培养的当代优秀中学生的具体特质。

**（二）得到家长和学生的充分肯定**

**1. 让学生成为一个独立的人**

有位学生给校长写信："一年以前，我一度困惑，我是为什么而学习？为父母？为老师？为学校？为国家？还是为了考一所好大学？我没有答案，只是如同一台机器为了完成父母对我下的命令而学习。但自从学校实行自主管理后，我有了对自己学习生活的管理权利，我深深体会到自己是一个活生生的人，而不是一个机器、一个奴隶，我明白了我是为自己的梦想而学习，为梦想而活着。我是一个有独立思想的人，不是机器……"

**2. 让学生成为一个自主的人**

有一个家长告诉我："孩子在这儿读书比以前更开心，因为她从小性格不是特别好强。在南外高中，她很喜欢老师、同学，比以前知道努力，也很能体会到您让他们自主管理的用心。南外是很适合她的学校，虽然她之前'不是很有自制力，不能和手机和平相处'，但是您给了她选择的权利，而她自己选择了不要智能手机。"

**3. 让学生成为一个自律的人**

春节期间，有位已经毕业的学生发了张照片给校长：一个女学生非常认真地在图书馆学习，不断用手机在查资料，没有玩其他，她说南外高中的学生自觉性真不错。我为同学们感到自豪！同学们行使了"校园使用手机"的表决权利，如今用行动体现了契约精神。

**4. 让学生成为一个会学的人**

高一的杨同学说："在南外高中，可以做自己喜欢的事。结缘南外高中，一切都是最好的安排。"杨同学的父母说："我们很欣赏和认同学校的教育理念，也很感谢冯校长对孩子们的出于更长远的考虑。南外高中教孩子学会学习、学会生活，更大程度是学校教育理念的折射，也是学校教育多年积累的导向和结果。"

**5. 让学生成为一个会思考的人**

高二的田同学说："在南外高中的日子，长度也许是固定的，但宽度和深度却可以被无限拓展。在这里，你可以通过对比、思辨、争论和实践，形成自己的心得见解，把握规律、求得真谛；也可以追随好奇心，以创新和批判的眼光，不断提升独立思考和思辨的能力。"

### （三）学业成绩进步明显

实践证明，通过推行自主管理的管理模式，学生个性得到了张扬，特长得到了发挥，选择能力大大提升。更为重要的是，为了落实"减负增效"，南外高中把作业的选择权交给了学生。虽然所有试卷、学案都是原创或自主组编，针对性强；但学生个体差异依然存在，要求学生进行二次选择，既弱化"完成作业"的作业目标管理模式，又强化作业的内悟与迁移拓展功能。从某种意义上说，学校不再把"认真学习"作为教育的语言，而是引导学生在深层学习中提升能力，让学生真正"学会生活，学会学习"。近一年来，通过以上教育教学改革举措，南外高中切实收获了学生成绩的大幅提升，尤其是高三的几次大考成绩喜人。这充分说明，南外高中的德育工作达到了全面丰收的效果。

（发表于《特区教育》2019年7月8日合刊第4页）

# 不预习下的发现式教学

为了让学生上课做到真正的认真听讲，切实实施发现式教学，六年来我们坚持不让学生预习，一个循环已过，特以此文同人探讨。

## 一、预习的不足

预习使学生已知教学内容，上课时没有新鲜感，对激发求知欲不利，预习影响教学新异情境的创设。

预习使学生已知结果，影响学生主动探索和发现的欲望，抑制学生思维活动的展开，不利于启发式教学的全面实施。

## 二、具体操作

为了让优等生能够尽可能地展露才能，我坚持单独指导优等生超前学习，根据每人的具体情况制定不同的进度表，尽最大努力培养他们的自学能力，尽最大努力挖掘他们的潜力。上课时仍要求他们认真参与讨论，但为了不影响其他同学思考，有时要限制他们举手发言的次数和速度，要求他们多思考，注意深度和力度。

对学习能力稍差的学生，课后注意指导他们认真看书，在他们掌握好基础知识的基础上，我再根据个人情况酌情考虑如何对待深化部分。

不强求作业：①为了让学生有充分的时间供自己支配，我总是精选习题，所用教材上的习题也只选做了一半左右，而且还允许学生再选择。②允许优等生不交作业，让他们把时间用来看课外书；每周为优等生开设一个半小时的课外竞赛讲座，教会他们如何在能力上和效率上不断提高。

在平时教学中，我注意适当加强一题多变的变题教学，以一种解题思路或以一种知识块相串的串题教学和一题多解的教学，教会学生分析试卷并就有关知识出一套较好的考试题的方法。

我任西南大学附中高1999级1班（全住校）的数学课老师和班主任时，要求他们每人每天至少锻炼半小时，每晚10点40分前必须入睡（高三也如此），以保证精神饱满，保证课堂的高效率。

## 三、效果

西南师大附中初1996级1、2班取得较好成绩，以1班大部分同学再加上少部分外校来的学生组成的高1999级1班更是取得了可喜的成绩：在全国高中学科竞赛中获全国一等奖的有一个化学（本校唯一）、一个物理、五个数学（一人进冬令营，本年级共六个一等奖）；在专业期刊中有三人发表数学论文、一人发表物理论文，还有多人在报纸杂志上发表文学作品；在校运动会中取得"五连冠"；在高考中，有两名学生被北京大学录取，有两名学生被清华大学录取（全校六个班共有六名学生考上北京大学，两名学生考上清华大学），另外还有多名学生考上中国科技大学、南京大学、浙江大学等名校；全班学生100%升入高校。

## 四、思考

这种教学模式对学生创新能力和思维能力的培养也十分有利。无疑，高考也就必然能取得优异成绩。

当然，"不预习下的发现式教学"还存在一些问题，主要是对少部分学习很不努力的同学该如何想办法，如何快速转化的问题有待解决。因此，本方法还有待于进一步完善。此文志在提出问题供各同人思考。

（此稿发表在《数学教学通讯》2000年第7期上，此处有删减）

# "不预习下的发现式教学"教改的探索及实践

为了让学生上课做到真正的认真听讲，切实实施发现式教学，培养学生的创新能力，既达到减负增效的目的，又逐步培养学生研究的能力，我们提出了"不预习下的发现式教学"的教学改革思想，通过九年的摸索和实践，我们认为已经较成熟，特以此文供各位同人探讨。

## 一、问题的提出

### （一）对预习及传统教育的思考

传统教育要求学生学习的三步为"预习—上课—复习"，而现实情况是许多学生都没有预习，更没有认真思考，这样的结果是只有少部分学生停留于"看了一看"的纯形式化的预习。我们认为，课堂教学最重要的是开启学生积极的思维活动。与此同时，我们认为预习存在如下的不足：首先，预习使学生上课时已知教学内容，往往会造成先入为主的心理态势，对激发求知欲不利，预习影响教学新异情境的创设。其次，预习使学生已知结果，影响学生主动探索和发现的欲望，不利于学生思维活动的展开和发现式教学的全面实施。我们同时认为，任何内容都可贯穿启发式思想；任何课题都可通过教师创设恰当的问题情境，在诱导中实施再发现。本方法相对先预习而言是更彻底的发现法，因有点背叛传统、更强化活动而取名"不预习下的发现式教学"。

### （二）"不预习下的发现式教学"的提出和实施过程

1989年我从西南师范大学毕业后即分配到农村学校教书，学生虽然愿意学习，但受到各种客观原因限制，让学生预习几乎是不可能的。于是，我们的课大部分是在不预习的状态下进行的。1990—1993年我在四川隆昌一中教初中时开始考虑如何进一步提高效率，并进行"不预习下的发现式教学"的探索。1993年我调到西南大学附属中学，在征求西南大学数学系数学教育专家杨泰良教授的意见的基础上，我进行了较系统的教改实验的设想和探索并加以实施。在1993—1999年的六年中，我正好从初一到高三教两个班的数学，并当一个班的班主任，所带学生在中考和高考中都取得了很好的成绩。于是，在1999年底我写出论文"不预习下的发现式教学"。1999年8月来到深圳市高级中学，在系统总结过去的成功和不足的基础上，我在初中一年级又进一步实施，而且当时又正赶上国家大力提倡"减负"，高级中学要求教师在研究状态下工作，要求教师要有课题，这一切都为实施教学改革提供了有利的条件。在学校领导的支持下，我全力实施了教改，并邀请刚从大学毕业的张克江教师参加；2000年暑假，我又动员物理教师朱立光参加，取得了较满意的效果：不但突破了我校物理竞赛无一等奖的记录，而且一举夺得深圳市第一的佳绩。

## 二、"不预习下的发现式教学"教改的具体操作方式

（1）明确要求学生：课前不准预习，上课不准翻开书本，不准备笔记本，让学生集中精力于课堂活动之中。教师充分利用教材，尽量不补充多余内容，对必须补充的内容下课前提醒学生记在书上，力争每堂课留5分钟左右的时间让学生整理内容和厘清思路。

（2）学生对教师所要讲的内容一点不知，完全在教师引导下展开学习。教师可以回忆相关旧知识为基础，通过问题链的方式（一边问，一边让学生思考和回答）创设问题情境，为学生搭建认知平台，通过学生积极思考问题、回答问题，促进学生思维活动和思维定向，集中学生注意力。教师引导学生通过动手（画图或计算）、动脑（观察和思考）和动口（讨论）的系列活动自然地引出新概念或发现新命题。教师让学生体会发现新结论的全过程，用类似数学家研究数学的方法来学习、探讨新知识，对新知识采用"学生猜测——举例验证（或举反例否定或严格证明）——具体应用"的方式进行授课（实际上已经不再是传授，而是学生再发现），使学生在逐步掌握数学知识和数学方法的同时，逐步达到训练思维和提高能力的目的（这种训练是更自然的，更不知不觉的）。课堂教学形式不拘一格，有时学生的思路或提出的问题出乎教师的预料，但确有探索价值，教师应让学生充分讨论，真正把思维的主动权交给学

生，不刻板地追求完成当堂课既定的教学任务。

（3）不强求完成作业，把主动权和选择权交给学生：①为了让学生有充分的时间供自己支配，教师必须精选习题，而且允许学生再选择。②允许优等生不交作业，让他们把时间用来思索和看课外书，参加课外竞赛讲座；教会他们如何在能力上不断提高，充分提高效率，提高对思维训练的要求。在实施时要逐步过渡和及时反馈，如果出现学生检测成绩暂时不理想的情况也不要心急，因为这种方法轻作业、重能力训练，在应试方面，最初一段时间往往不如传统的教学效果好，但有后发制人之效，只要坚持下去，学生的综合能力和学习成绩很快就会大幅度上升，从实验情况来看，一学期时间就会有十分明显的效果。

（4）在平时教学中，教师要适当加强一题多解的多向思维训练、一题多变的变题教学、以一种解题思路或以一种知识块相串的串题教学；帮助学生学会自己分析试卷（评讲时应选择部分有代表性的题给学生讲清楚命题目的：包括考查知识、考查方法、易错之处），引导学生学会就有关知识出一套质量较高的考试题的方法。教师要鼓励和指导学生写学科小论文、写阶段性的学习心得，让学生在总结和反思中不断提高能力，同时也进一步培养学生的探究能力和创新能力。

## 三、效果介绍

教师通过教学调动了学生的积极性和主动性，使学生能力得到更充分的挖掘，进而效果特别明显。我任班主任的西南大学附属中学初中1993级1班于1995年底获得重庆市先进班级称号，高中1996级1班于1997年初获得四川省先进班级称号。

把学生的主观能动性充分调动起来。在1996年全国初中数学竞赛中，我所带学生获全国等级奖达9人，我所在学校是重庆市获奖最多的学校；在毕业考试中，全班都在90分以上（满分100），数学平均分98.2分；在中考中，我所带两个班级的数学平均分高出另外三个班级20多分，升入高中人数占全年级（五个班级）的三分之二。在高中年级，我所辅导的学生于1997年以高二学生的身份参加高三数学竞赛，有2人获得全国一等奖，其中学生李凌以重庆市第二名的身份进入全国数学奥林匹克冬令营；我所辅导的学生于1998年参加高三数学竞赛，有4人获得全国一等奖，7人获得全国二等奖，11人获得全国三等奖，本人获得中国数学学会突出贡献奖等多项奖。学生参加高考，本校1人获重庆市理科状元，我当班主任的班考上2个北京大学、2个清华大学（比学校历届总数都多）、100%升学，85%以上考上重点大学。

1999年我来到深圳市高级中学，从初一到初三，从第一年的班主任到后来的年级长，得益于"不预习下的发现式教学"教改的全面实施，该年级在学校的各种活动和比赛中，都取得了优异成绩，成了学校的标兵年级和示范年级；该年级在全国初中数学、物理、化学竞赛中获得了29个全国一等奖，各科均名列全市第一。中考总分获得4个800分以上，51个700分以上，176个600分以上，高分段人数及比例在全市遥遥领先。其中，由我负责的数学竞赛，在2001年以初二年级越级参加初三年级全国初中数学竞赛，有两名同学得分并列全市第二，总体情况超过了深圳市所有学校的初三。在2002年全国初中数学竞赛中，由我所带的学生有19个全国一等奖，几乎占全市一半。在2002年中考中，我执教的学生有3人成绩在800分以上、班级平均分662分。

## 四、思考

数学是思维的体操，数学教育应首先关注人的发展，创造一个有利于学生主动发展的教育环境，给予学生充分发展的时间和空间。"不预习下的发现式教学"使学生投入现实的、充满探索的数学学习过程中，使学生通过主动参与、积极思考、与人合作交流、体会创新等过程，理解数学的基本思想和方法，体会数学的探索过程和发现过程，从而增强他们对数学学习的自信心和兴趣，大大提高他们的数学能力，让他们潜移默化地学会研究数学的方法，也必然提高他们在各种考试和竞赛中的成绩。同时，还正向迁移到物理、化学等其他学科的学习上，促进学生综合素质和综合能力的提高。在这种情况下，他们不管是参加中考还是高考都必然能取得优异成绩。

# 核心素养下的新高考备考策略

教育部考试中心《关于2017年普通高考考试大纲修订内容的通知》提出，把提升考试大纲的科学性和公平性作为修订工作的核心，依据高校人才选拔要求和国家课程标准，科学设计考试内容，增强基础性、综合性、应用性和创新性，适应经济社会发展对多样化高素质人才的需要。新课程标准特征的体现需要通过核心素养的培养来完成。学生的核心素养，主要指学生应具备的、能够适应终身发展和社会发展需要的必备品格和关键能力。为此，全国高考作为选拔人才的门槛，必然会对核心素养的层级进行有效设定，为高考评价提供科学路径。这就使得高三复习对核心素养的培养尤为重要，不仅关系到高考成败，更关系到国家能否选拔到优秀人才。现行高三复习一般是通过三轮复习来完成，但随着核心素养的提出和实践，我们主张通过核心素养下高三三轮复习差异化的研究，在三轮复习中侧重核心素养不同层面培养的落实，推动实现高考的针对性和时效性。

## 一、以核心素养的内化提升教学价值

核心素养下的高三总复习，毋庸置疑是和传统高考复习不同的：学科考试时间点和长度上有变化，可供学生选择的考试学科余地发生变化，文理数学试卷统一化，还有备考理念的新变化，等等。例如，考试时间上发生新变化，原高考中大部分省份的考试顺序是语文、数学、英语和综合学科考试，实施新高考后，时间安排上也必须做相应调整，各个学校应该根据学生时间调整情况进行安排，如大部分省份是6月只有语数外三科考试，因此高三的前半年的备考，应该更多倾斜于1月份左右的选考科目，而不是提早对语文、数学和英语加过重的任务，影响前面的选考，而且因为是单科考试，所以考试时间的长度也出现相应的变化。还有，因为考试方案的变化，可供学生选择的可能性增加，由原来的文理两种基本选择变成十二种甚至二十种基本组合。再有，因为不再进行文理分科，使得文理科数学试卷形成同一化……国家对高考提出的种种新要求，使得备考的理念也发生了相应变化。在这些变化中，最为重要的是理念的变化。学校和教师要做到高效备考，首先需要理念先行。

新高考提倡新的课程理念，倡导核心素养。中国学生发展核心素养以培养"全面发展的人"为核心，分为文化基础、自主发展、社会参与三个方面，综合表现为人文底蕴、科学精神、学会学习、健康生活、责任担当、实践创新六大素养，具体细化为国家认同等十八个基本要点，这一切都围绕着能够适应终身发展和社会发展需要的必备品格和关键能力的培养。要实现必备品格和关键能力的培养，就要围绕如何实现教学价值这一实质问题来进行。教学价值是教学设计的灵魂，它回答的问题是"为什么而教"，而这决定着教学内容以及教学方法。例如，高中的章节总结复习课是一章节的收尾，即收官之作；而高三的复习课，就是高中所学的收官之作。因此，我认为，教师在高三复习之初就要规划好，什么时候讲什么，怎么讲，讲到什么程度，这样能够实现教学价值最大化。我们知道，要教给学生知识，知识是基础，任何目标的发展都离不开知识。爱因斯坦说过，当一个人忘掉了他在学校所接受的东西，剩下来的才是教育。我认为对学科教学而言，也应如此，剩下来的应该就是学科思想，因为思想是能力的核心。只有思想才能把知识转化为能力，而能力的更高层次是应用意识和创新意识。毫无疑问，学科教学的主要任务就是培养学科能力。其实，对教学的定位不同、境界不同，思考的问题也就不同。如果定位在知识，你不必考虑教什么，照本宣科就够了；也不必思考怎么教，把知识告诉学生就可以了；作为知识的终结，只要记住就行了；作为总结课，对本章知识进行简单的罗列就够了。但，这样的总结复习课显然是低级的教学，对学生没有吸引力，也缺乏价值感，当然不是好的教学。如果定位在思想，教师就会追问：知识是怎么来的？解决问题的方法是怎么想到的？此时，教师才会去探究知识的来龙去脉，才需要考虑过程尤其是深究思考的过程，而思想恰恰是蕴含在这一过程中的。只有定位在基本能力，教师才会意识到，学科教学就是学科活动的教学。因为能力是不可"教"的，教师无法把能力教给学生。能力是实践的结果，是在自主探究、亲身实践的经历中获得的。当教师着眼于更高层次的能力时，就不得不思考如何让教学过程成为"再创造"的过程。我始终认为，在教学过程中，应该留给学生足够多的时间思考，让他们去发现，尤其是当发现现象后，教师更要进一步引导学生体会透过现象发现本质。所谓"磨刀不误砍柴工"，当学生真正理解本质和方法从而提升能力后，他的学科水平、学科解题能力自然也就相应提高。章节复习课的教学应该将章节知识与能力推向本章顶峰，而高三复习就应该将学科知识与能力推向中学阶段的学科巅峰。这样的备考前提设置明确，教师就能够脱离为解高考题目得高分而备考的魔咒，就能够站在更高的角度来审视高考、审视复习。教师把能力提升作为教学价值着眼点，与培养核心素养的理念具有一致性，而且通过提升能力来提高学科核心素养，这对提高学生的备考能力和应考信心十分重要。

现行的高三三轮复习模式是常态的复习模式，有其常态合理性，值得借鉴和传承，但借鉴和传承不是因循守旧地沿袭，要"以变应变"，力求做到核心素养培养与传统复习模式相结合，将核心素养在学习的不同阶段予以深化，不断提升学生能力和素养来接近新高考要求，为国家选拔人才做好准备。核心素养培养与传统复习模式相结合，这要求我们在保持基本共性做法的基础上，不断将核心素养的能力要求落实到三轮复习的每个环节。接下来，我会从三轮复习的共性做法和核心素养培养在每个环节上的差异化策略角度对新高考背景下的三轮复习提出建议。

## 二、以核心素养为内核的高考复习备考策略

学科复习是学科教学的重要阶段，是大面积提高学生能力和高考成绩的关键。教学实践中，我常看到许多教师和学生陷入题海战术中，复习效率低下，着实可惜。其实，提高高考学科复习的效率是有科学方法可循的，下面我结合过去的教学实践，融合新高考，就提高复习有效性的问题从两个方面给出建议。

### （一）模拟命题提升教师把握新高考核心素养考查

新的课程体系需要新的教学观念指引，而新的教学观念将最终由新的评价观念来体现。作为高三教学的重要一环，考试评价对复习备考起着重要的指导和引领作用。是否树立起与新课程相适应的命题观念，也就成为当前亟待探讨的话题。我们应当采用精选的模拟试题对高三备考提供方向性的指导。

　　模拟试题的命制对于提高师生备考水平十分重要。提高总复习效率的关键是教师准确把握考试方向，为此，教师要加强专业功底训练，一个有效的做法是教师自主命制模拟试题，以此来提高把握高考的能力和水平。出模拟试卷的目的不是押题猜题，而是帮助教师进一步理解熟悉教材、考纲和考试题型，帮助教师高效率复习。能够编写出一套高质量的模拟试卷的教师，毋庸置疑，一定是已经透彻理解了学科的教学目的和考试方向的，当然也就会传授应试技巧，他的学生肯定也具备较强的学科能力和应试能力。

　　那么，试题命制的要求有哪些呢？首先，教师要宏观上把握整个学科内容和方法，研究考纲，对考试的内容、考试的范围、考试的题型了如指掌，要对整个学科的主要内容做一个梳理，要熟悉整个中学阶段的知识点。

　　其次，教师还应该清楚学科涉及的思维方法。教师只有从整体上对考试学科有一个清晰的认识，能够精准命制考查学科思维的题目，才可能编写出一份优秀的模拟试题。

　　一般来说，一份优秀的高考试卷应注重考查必备知识；有较高的信度、效度和一定的区分度；无偏题、怪题。具体题目可以分为三个档次：基础题、中档题、综合题。前两档题目主要考查学生最基本的学科基础，第三档题目着重考查学生学科能力，具有一定的区分度。

　　对于模拟试题的命制，我们采取了整套命制和单个命制相结合、改编和原创相结合、校内使用与外部交流相结合的"三结合"方法，有效推动了模拟试题命制的常态化。试题新颖，与时俱进，最大限度地与社会热点问题接轨。教师由此把握备考的方向，提高了备考的针对性。

　　在教师能够熟练命制模拟试题的基础上，我号召学生对各学科命制模拟试题。命制模拟试卷的本质是培养学生从全局观念来思考学科知识与学科能力。在进行部分班级少数学科试点的基础上，我在2019年寒假对全校师生提出了命制模拟试题的要求。为此，我们大幅度减少了传统的统一要求的书面作业，高一只命制语文、数学和英语三个学科，高二、高三命制高考六个学科，以期末考试试卷为模板参照。寒假结束，高三学生参加了深圳市统一的模拟考试，成绩较上学期期末统考进步显著，我们认为学生认真命制六套高考模拟试题起到了巨大的推动作用。首次自主命题，学生参与积极。为了让学生有的放矢地感受出题的效用，学校在开学初的升旗仪式上，对优秀学生进行了表彰并安排优秀试卷命制者进行了经验分享。我们通过有布置、有参与、有评价、有反馈、有表彰、有运用的环节的设置，创设了学生自主模拟试题的平台，激活了学生的思维，在很大程度提高了学生备考的能力和水平。

师生模拟试题命制过程的最大特色在于与核心素养的有机结合。例如，在数学试卷命制的过程中，我们通过形成数学概念与规则、数学命题与模型、数学方法与思想、数学结构与体系来培养学生的数学抽象素养，通过发现和提出命题、掌握推理的基本形式和规则、探索和表述论证的过程、构建命题体系、表达与交流来培养学生逻辑推理能力，通过建立模型、求解模型、检验结果和完善模型来培养学生的数学建模能力，通过利用图形描述数学问题、理解数学问题、探索和解决数学问题、构建数学问题的直观模型来培养直观想象能力，通过理解运算对象、掌握运算法则、探索运算思路、设计运算程式来培养数学运算能力，通过数据获取、数据分析、知识构建来培养学生数据分析能力等等，这些能力都是培养学生数学核心素养的必备基础。

### （二）三轮复习打通学生形成核心素养之路

我认为，学科复习采用三轮复习法有其科学性。第一轮，基础知识和基本技能的系统复习；第二轮，典型的知识模块专题和思想方法专题；第三轮，模拟测试及考试技巧训练，帮助学生查漏补缺。

#### 1. 系统整理的一轮"双基"复习

第一轮的复习，也就是基础知识和基本技能的系统复习，是总复习的重点和难点，也是大面积提高学生学习成绩的关键。该轮的例题与习题应以基础题型为主，适当穿插少量的综合题目。对于学习能力强的学生，我认为可以在这一轮冲击一下难题，此时冲高，可以为后面复习提供努力方向。

（1）牢固掌握基础，深刻理解"双基"

在这个阶段中，教师必须做到让学生牢固掌握基础知识，深刻理解并记忆有关概念、法则、公式以及定理。可以说，没有准确的理解和记忆，学生就不可能真正地掌握学科的基础知识。对于基础知识的理解，教师一定要透彻学习课程标准，注意取舍与整合。在复习概念时，重要的是让学生掌握有关概念与相关概念的区别与联系，不能在单纯的概念问题上过多纠缠。

由于教材的知识是螺旋上升的，知识点分散，学生分三年学习下来，大多学生对所学知识的系统性掌握不够，这就要求教师打破章节的界限，将知识点重新组合，使学生构建合理的知识网络结构体系——通过板块复习力求让学生全面系统回顾所学过的知识，掌握必备知识、提高关键能力，全面、扎实、系统地形成知识网络。

为此，我们需要改进方向，重点关注知识的结构化、情境化、条件化、问题解决方法、互动效果等问题。例如，通过结构化的知识和复杂化的真实情境来承载必备知识和关键能力；从关注碎片化学科知识技能的习得，转变为关注复杂、不确定性现实问题的解决；从关注对他人知识的理解或应用，转变为关注学生知识的综合运用和应用知识的场景的主动创设；从关注学生学什么，转变为关注学生如何学习，如何学会学习；从关注学生个体的自我学习，转变为关注学生的团队合作和有效的沟通与交流。做好基于核心素养备考的教学设计，提升"目标紧扣素养，运用知识、技能、方法和价值观解决较复杂的真实问题"的能力；将知识融入有时间、有空间、有情节、有问题的情境；创造多向互动学习过程，增强多器官（动眼看、动耳听、动脑思、动手做、动口议、动笔写）、多方向（师—生、生—生、师生—情境）有效互动中的体验和感悟；解决较复杂的、适度结构不良的、有意义的真实问题。

（2）定量训练能力，落实基本技能

学生掌握了必备知识后，还必须具备一些关键能力。为此，教师可以考虑定时定量训练。教师在对待学生错误的问题上，千万不要止于订正。例如，对计算相关问题，许多同学计算出错了，再算一遍后正确了，似乎更正了错误，其实不然，这种做法对提高计算能力是没有帮助的，正确的做法应该是回到最初的错误计算，一步一步寻找，找到发生错误的具体位置和根本原因，才能真正解决问题。

关键能力的培养需要有效的试题或材料予以承载。在选择题这一题型上，不同的科目有不同的特色，"三级选说做题"制度为试题质量的保证提供了帮助。所谓"三级选说做题"就是教师个人选题、备课组内共享、科组长把关、选题人说题、全部人员做题和多角度改编题，以实现优质试题效益最大化。

（3）以知识为载体，渗透学科基本思想

学科思想是指由学科专家提出的对以后学科发展和学科学习最具影响力的那些观念、思想和见解，是"知识"背后的"知识"。一般而言，学科思想对学科方法起着指导作用，学科方法则是学科思想的具体化反映。苏霍姆林斯基曾说过："思想好比火星，一颗火星会点燃另一颗火星。一个深思熟虑的教师，总是力求在集体中创造一种共同热爱科学和渴求知识的气氛，使智力兴趣成为一些线索，以其真挚的、复杂的关系——即思想的相互关系把一个个的学生连接在一起。"事实上，谁把握住了学科思想和方法这一精髓和灵魂，谁就能举重若轻地组织教学；相反，谁缺乏对学科思想和方法的把握，谁就只能被迫陷入学科知识的汪洋大海之中，永远要面对讲不完的知识和练不完的习题。

有经验的教师对自己本学科的学科思想和方法基本了解，如数学学科应该具有转化思想、数形结合思想、方程思想、函数思想、从特殊到一般、从简单到复杂等学科思想和方法。对于这些学科思想和方法，我们要以具体的基础知识和情境为载体，通过对具体知识的展现或对题目的讲解，帮助学生树立基本学科思想。

（4）以生为本，分层落实

①调动学生主动性

在每个大模块的基础知识复习的初始阶段，应该让学生自己去阅读相关课本知识后归纳总结，让学生首先自己寻找线索，老师再修改完善学生的总结。在这个过程中，老师要给学生留出时间，不要再布置解题性质的书写作业。这样，既能够充分调动学生学习的主动性，又能够让学生真正将知识、方法内化为自己的能力。

②及时总结方法

教师不能只通过做题来复习，一定要注意总结学科方法尤其是重要的学科思想方法和典型的解题方法。教师在总结方法时，也不要过多归类，不能给学生说这种题目该怎么做、那种题目该怎么做，重点要放在如何分析问题和解决问题上，如何根据题目的已知条件和求解的结论来寻求解题的突破口。在题目的选取上，教师要更多地考虑结合课本的改编题目，注意题目选取的层次性，关注题目所覆盖的知识点和所涉及的方法与技能，不要盲目地使用高考真题。

③分层区别落实

我们知道，班级学生的差距总是存在，我们要因人而异，区别对待，分层次要求。例如，前面讲的学生自行归纳总结时，对基础较差的学生，教师一定要带着欣赏的眼光去看，要多表扬，多鼓励；对基础很好的学生，我们在欣赏的同时还应该适当地严格一些，要求他们完成得更出色。对于作业布置，教师也要分层次对待，将作业分成两个或者三个层次，对基础暂时较差的学生，要量少、基础，让他们学有所获，不要总用难题去考验他们，不能强迫他们完成他们无法完成的作业；对特优学生，则可以考虑适当布置些综合性强的题目供他们思考完成。例如，有的教师将作业分A、B、C三层，基础较差的学生完成A层而选做B层。基础一般的完成A、B层而选做C层。基础较好的先完成B、C层，再回过头完成A层或者干脆不做。我认为这是一个体现以生为本、因材施教、分层落实的好方法。

**2. 讲座研讨的二轮专题复习**

二轮复习是能力培养的关键期、提升素养的特殊期，也是备考难度最大、拉开差距最关键的阶段。二轮复习的功能与定位是：补缺漏、建结构、提能力、迁思维、强技巧。

自"核心素养"的概念提出以来，众多专家提出教育应该"由'知识中心'转向'能力（素养）中心'""克服学科知识本位""以核心素养向知识本位宣战"等观点，强调教学要指向学生的"能力提升"而并不着重知识积累，但素养的发展不可能依靠"知识"的让位而显现，甚至，有些素养并不是像知识一样由教师"教"给学生的，而是学生在掌握了知识的基础之上自然而然地"生成"的。二轮复习中应该思考如何更好地实现知识积累和能力提升，下面我从专题复习和思维培养两个角度予以说明。

（1）借助专题复习，突出知识串和问题串

第二轮复习以专题讲座的形式进行，此阶段是把"双基"推向高潮，在整个复习中"画龙点睛"，它有利于拓展思路、发展思维，提高分析问题和解决问题的能力。在专题复习训练时，教师一定要明确这个专题的主题是什么，贯穿这个主题的基本线条是什么，在应用的思想方法上的共性是什么。此阶段，教师要认真结合学科特点，思考我们究竟如何教学、如何要求才是最有效的。以数学为例，我认为在解题教学中，要尽量少讲一题多解，因为一题多解往往不能够突出常规解法，而这个阶段复习就是应该突出常规解法，强调通解通法；而要多讲多题一解、一题多变的变题教学，以一种解题思路或以一种知识块相串的串题来进行教学（题目的难度逐步上升），知识串会很好地帮助学生构建结构化的知识体系，帮助学生学会自己分析试卷；教师也可以选择代表性强的习题讲解命题目的——知识考查、方法考查、易错考查，引导优秀学生掌握就有关知识编写一套质量较高的考试题的方法；条件成熟的学校，可以让学生出模拟试题相互考试，或者进行出题比赛，等等。这些培养，让学生真正知道命题者的想法，从而帮助学生针对性地学习以及提高复习效率。

（2）思维至上，培养学生高阶思维

高阶思维是高阶能力的核心，主要指创新能力、问题求解能力、决策力和批判性思维能力。高阶思维能力是适应知识时代发展的关键能力，集中体现了知识时代对人才素质提出的新要求。就高三而言，我们可以通过开放课堂，以问为轴，察学精讲，做到盘活思维。

全国卷高考试题命制特别注重考查学科能力及分析、解决问题的方法、思维和素养。因此，二轮复习备考最重要的是提升灵活、开放的综合思维能力。开放课堂的核心要义在于让学生有话说、放开说、动用思维说。开放课堂，让学生开口说、动手做，让学生从感知、感动到感悟。思维问题的梯度设计承载学生思维进步的节奏，通过有梯度的问题，实现思维不断向前发展。具体实践时，教师可以班级小组现场抽签的方式交换解答并提交疑问，"问在疑问处，道在释疑中"。精讲则放在学生需要之处、思维模糊之处、思维构建困难之处、思维模型运用举棋不定之处，画出思维导图，为无所适从、无处安放的思维寻找明确的停靠点。

那么，二轮复习阶段有哪些需要注意的问题呢？

（1）专题选择有代表性

专题不要多，要突出主干、突出重点。贪多嚼不烂，有的资料归纳了十几个知识性专题、数十个思想方法性专题，我认为这样很不好。教师要善于抓本质，以点带面，避免多专题带来的混乱，求全失重，也就失去了应有价值。我认为，知识性专题不要超过八个，思想方法性专题不要超过五个。

（2）专题内容精心准备

教师对专题中的题目要精心选择，要突出专题的重点。专题内容的选择最忌贪多求难，应少而精，训练时既要有灵活的基础题，又要有一定的综合题，不能够有偏题与怪题，也不能够有特别机巧的题目，精选习题的目的是强化一些重要的学科内容以及重要的思想方法。与此同时，教师不要让学生单纯地模仿和记忆方法，一定要让学生清楚对方法的选取是由题目的特点（条件、求解内容）所决定的，而不能够教授"类似题目一概而论"的套路答题法，以免阻碍学生思维发展。

（3）专题设计符合学情

教学要符合大多数学生的实际情况，要有针对性。如果学生总体基础比较差，建议尽量少讲专题，甚至不讲专题，把第一、三部分拉长。我认为，讲专题适合于基础较好的学生；而对基础欠缺的学生而言，更有效的做法是把必备知识学扎实。

**3. 心智综合的三轮模拟训练**

如果第一轮复习侧重的是必备知识，辅之一定的关键能力；第二轮复习侧重的是知识的结构化和关键能力的基本养成；那么第三轮复习，主要是模拟训练，是必备知识和关键能力在测试中的运用。这个阶段应该是离高考最近的阶段，是心理和智力的综合训练阶段，是整个复习过程中不可缺少的一环。这一阶段，重点是提高学生的综合解题能力，训练学生的解题策略，加强解题指导。在答题策略上，教师一定要让学生明白，考试的近期目标是最大限度得分，而不是解决难题。为此，注意避免出现过失性丢分，答题时一定要有所舍弃才能够相对得高分。这一轮复习，着重提高应试能力，力求让学生以最佳竞技状态进入考场。

在第三轮复习阶段，我建议少用过去的成套考题。许多老师喜欢将历届的考题拿来给学生依次训练、评讲，我认为这样做的合理性有待商榷，原因是这套考题不一定就适合这一届的学生，重复使用不一定能够全面概括此时的复习内容，针对性不强。这个阶段是考查教师对整个学科的内容与方法、对当地考试规律的把握的关键时期，我建议教师慎重用题。首先，选择完整的成套试题让学生考试时，教师对后面的试题一定要重组或原创，试卷重组时，不同的试卷要有不同的考查侧重点。其次，同一个知识点或者方法不要反复考查，把握好试卷的难度，最好是先难后易，以增强信心。学生先做的试卷的平均分要适当低，难题要够难，使学生基本上不能够随意得高分；学生后做的试卷平均分要适当高，难题不能够太难，使得始终有学生得高分。尤其是对最初的试卷试题的设计，要能够击中学生的薄弱环节，而最后一套试卷要充分发挥学校群体的力量，采用学校原创命题，教师可以改编题目或者原创题目，难度一定要小，要让学生有新鲜感又能得很高的分，来增强学生的自信心，鼓足学生干劲，使学生相信自己能在高考时取得好的成绩。

那么，如何对待三轮复习的考试呢？

（1）精心组织，细致分析

教师要认真组织每一次模拟考试，对每套试卷都一定要评阅，认真分析考试情况，在评讲中一定要有针对性，切不可泛泛而谈，要根据学生答题情况及时调整后续选题或命题策略。

（2）个别指导，学会取舍

教师要对学生进行个别答题指导，尤其是对基础薄弱或考试分数较低的学生，要传授答题的取舍策略，夯实基础。学生贪多求全的结果往往是基础题目丢了分，难题又没有得到分。学生应当学会选择，这本身也是人生中重要的一种能力，在核心素养中，在不同的学科中，选择能力都有体现。

（3）量身定做，归纳总结

对于三个阶段时间长度的取舍，学校可以根据自己的特点和具体情况来进行。例如，对生源实力整体较弱的学校来说，我建议延长第一和第三阶段，缩短第二阶段；对优质生源的学校，我认为应该适当增加第二阶段长度。另外，三个阶段也是相辅相成、互相涵盖的。例如，在一轮复习之初，也可以先考一套完整的试卷，这套试卷可以是过去的高考真题，也可以是成套模拟试题。在复习过程中，我建议不要经常考查完整的综合试题，而应该更多考查与模块相关的试卷。虽然复习测试可以带着其他板块的知识，但教师不能够总是让学生做涵盖所有知识的高考题而弱化了当前复习的侧重点。此外，对于学科思想和方法的处理，教师在一轮复习阶段就要注意渗透并有意强化。这样，在专题中就可以更集中地讲解、归纳和总结，尤其是没有单独设计专题的学科思想和方法一定要在第一阶段中适当体现。

（4）发展思维，培养能力

教师要把"发展学生思维能力是培养能力的核心"这一思想贯穿整个复习的始终。学生如果不会思考，或者思考不敏捷，想要取得好成绩是相当困难的，因此会思考是学生从根本上提高成绩、解决问题的良方。会思考是学生自己"悟"出来、自己"学"出来的；教师能教的，是思考问题的方法和策略。我们要引导学生使用学到的方法和策略，在解决具有新情境问题的过程中，感悟出进行正确操作的方法。因此，在复习过程中，能够由学生做的，教师一定不要包办；能够由学生说的，教师一定要给学生说的时间和机会。教师的任务是把握方向和进行恰到好处的点评，在点评过程中引导学生学会反思。对学习而言，反思是必不可少的，教师应当训练学生养成反思的习惯，如对所学知识的反思、对答题效果的反思等。

要保证复习的高效率，教师的复习、引导方法十分关键。教师要吃透课程标准和考试要求，准确把握学科教学要求的尺度和考试要求的程度。教师如果能够通过自己自主命制高考模拟试题来给学生训练，就能让自己的业务能力提高，又能够使复习指导更有的放矢，达到高效率的目的。在复习的过程中，教师要特别关注学生状态以及学生的能力水平，在复习资料的取舍和内容讲解的轻重上要真正做到因材施教。当用心去理解学生、去感受学生时，我们更容易实现包含复习在内的教学的高效率。

## 三、完善各复习阶段的核心素养渗透

### （一）以重点内容和主干知识为主体的知识网络体系构建

随着新高考的推进，学科核心素养被提到了更高高度：能力立意与素养立意并重，倡导理性精神，不再过分追求知识点的覆盖率。所以，教学时教师既应做到紧扣新课标、抓好基础、全面复习，又要突出高中各学科的必备知识，系统地掌握各学科每一章节所涉及的主要知识点和所需要训练的学科能力，这是高考复习必须做好的第一步。高考题"源于课本，高于课本"，这是一条不变的真理，教师在复习时万万不能远离课本，必要时还应对一些课本内容进行深入探究、合理延伸和拓展。在复习备考的最后阶段，教师在力争让学生清楚整个高中阶段各学科所学内容的框架结构，尽量按照知识系列等形成知识网络。例如，数学学科按知识系列我们可以考虑函数系列、方程系列、解析几何系列、立体几何系列、向量（包括空间向量）系列、三角系列、概率与排列组合系列等。教师应当要求学生在不翻看课本和相关资料的情况下，说出各系列包含的主要内容、主要学科思想方法和注意事项，至少要求学生翻开课本或复习资料的目录后能够说出每个目录下我们应掌握的内容、典型问题和典型的解题思想方法、考试重点、必考考点、易错考点等，只有这样，我们才能够进行进一步的深化复习。

### （二）一题多变等多重渠道的学科思维训练

在进行复习的过程中，教师始终应该注意在复习的基础上，进行综合性的梳理，考虑思维训练的有效性。以数学学科为例，许多教师喜欢一题多解的多向思维训练；而我认为，一题多解往往有悖于思维简洁性，我更强调一题多变的变题教学，即以一种解题思路或以一种知识块相串的串题教学。此时，教师必须要精选习题，在对例题的讲解上，不要追求速度、求多求广，而要更多地把精力放在对解题思路的分析上，让学生仔细分析已知和所求（或所求证）的内容如何启发了解题思路。也就是说，解题思路一定是在认真分析题意后得到的。

这个时候，我们要给学生留出一定的时间，让学生根据自己的情况进行深度思考。为此，建议高三适当减少学科统一上课时间，增加学生自习时间。我们在几个年级的部分班级做过对比实验，也进行过轮换对比试验，少讲少做在复习时往往比多讲多做对学生成绩的提高更有效，一个显而易见的事实是教师传授了多少不重要，重要的是学生思考了多少。复习阶段，学生个体差异更大，给学生足够时间使其进行针对个人的差异化复习，肯定比过多同步教学更具有针对性，效果会更好。对老师而言，也应该"有所不为有所为"，"效率第一"应该是我们复习指导的核心观念。

### （三）强化规范的答题、训练准确性书写

高考实行网上阅卷，对考生的答题规范提出了更高要求，包括对笔的粗细等都有明确要求。这不是小问题，希望所有学科老师都要针对学科特色进行精准要求和实践训练。例如，数学学科就要有明确的要求。填空题要求，数值准确、形式规范、表达式（数）最简；解答题要求，需要必要的文字说明，但要语言简洁、字迹工整；必要的过程一定要写出，不能出现太大的跳跃，整个过程要完整规范，绝不能写在规定区域外。而论证中的"跳步"、代数论证中的"以图代证"、应用问题缺少必要文字说明、忽视分类讨论、讨论遗漏或重复、讨论后没有下综述性结论等，这些都是学生的"弱点"，自然也是考试时的"失分点"。在复习备考的最后阶段，教师应要求学生规范书写，最好面批，或者拿出部分题目在课堂上讨论如何书写，在师生的反复讨论、修改中完善解答，其实，这种训练是很容易收到好的效果的。总之，书写规范应该引起足够的重视。

### （四）适度开放的专题训练和综合题训练

踏踏实实、认认真真做好基础的复习和应考工作。千万不要以为"高考以能力立意"，就去钻难题、偏题、怪题。这里的能力是指思维能力，包括对现实生活的观察分析力、创造力、想象力，探究性实验动手能力，运用知识解决实际问题的能力，分析和解决问题的探究创新能力，处理、运用信息的能力，对新材料、新情境、新问题的应变理解能力等。学生一味地钻研综合题、难题，如果知识的熟练程度达不到，反而会影响能力的提高。大部分学校在进入了第二轮或第三轮复习时，教师会设计许多专题，总结出许多规律让学生去记忆，这也是不恰当的。显而易见，高考题如果都被我们了解了，还如何实现对创新意识的考查呢？实际情况是，许多高考题的创新，是将我们貌似熟悉的题做了微小改变，而解答上实现了很大改变。现在各个省份都公布高考原始分，或者用原始分折合为等级分，实际上，对许多学生来说，决定他们考试分数高低的关键不是最后的较难的综合题是否会做，而是基础题究竟答对了多少。我们一定要对学生强调：要得一个相对的高分。例如，长期只能考70分左右的同学，争取做对基础题，把目标定在90分，也会有很可观的得分率。这样，我们就能够有效地利用高三复习的时间，让学生在三轮复习里相对收获更多，分数涨得更多。我们始终要明白，学生应该追求一个"相对的高分"。

### （五）适当有序的考试技巧和自信心训练

每次考试，总有学生说发挥超常或者发挥失常，其实，这和考试技巧不无关系。各科教师在高三复习中都应特别注意对考试方法的总结。我曾做过实验，将本应120分钟做完的试卷发给学生考试，考试时说本次试题较难改为150分钟完成，但到120分钟时我又突然收卷，虽然部分学生不高兴，但成绩出来后，我发现许多学生的得分比平时考试要高。这是为什么呢？据我分析，考试时他们总想把所有题目做完，因为要赶速度，所以没有认真解答基础题目，导致因粗心而失分，如填空和选择题，一旦失误，就只能得零分，结果是本来就做不出来的难题花了大量时间却没有得分，而本该得的分又没有完全得到。考试时，做题速度虽然很重要，但对于学科实力不够雄厚的学生，一定不要追求速度！

在高三复习阶段，随着高考的临近，我们应该逐步让学生充满信心，可以考虑通过逐步降低试题难度的办法，让学生相信，通过复习他们确实进步了，而且学科进步很大，当学生充满信心时，往往能够超水平发挥。

总之，高考备考是一项复杂的系统工程，主体多元、方法多元、过程多元，但只要我们是基于核心素养形成的教学设计，符合学情、措施得当、过程完整，最后一定可以实现合理高效备考，实现高考对人才的恰当选拔。

（刊发于西藏人民出版社2019年7月出版的专著《新高考新实践》）

# 腾讯智慧校园技术支撑下的高中选课
# 走班模式的初探

## 一、研究背景与意义

随着国家新课改和高考制度改革的不断推进，社会对走班制教学的认识不断深化，我国走班制教学逐渐从单科走班走向多科走班、从分层走班走向选课走班、从单方面的分层教学逐步走向更为全面的教学组织形式。但无论是选课走班模式还是分层走班模式均面临选课、授课、教学管理、学生管理、教学评价以及教育资源的均衡调配等方面的巨大挑战和阻力，急切需要借助工具支持选课走班。走班制教学的发展，依赖于多方支持和多手段并举。广东新高考将实行"3+1+2"模式，考生面临的第一挑战就是选科，这对学校的管理、教育教学都是一个全新的课题。对于新高考模式的12种组合，究竟哪种组合能让学生更好地适应、更好地发挥自己的特长，赢得属于自己的高考？为了突破选课走班带来的教学瓶颈，我校率先引入腾讯智慧校园平台，打造深圳市首个腾讯智慧校园示范校，让互联网和教育信息技术来助力走班制教学，构建多元选择、开放灵活的线上/线下走班教学模式，探索腾讯智慧校园环境下的选课走班模式。引入基于腾讯智慧校园技术支撑下的学科走班制，探索在教学管理、学生管理、教学评价、教师成长等方面的研究，破解走班制教学实施后日常管理的瓶颈。

## 二、研究综述、设计或思路

### （一）文献综述

走班制（Optional Class System）教学，亦称为非固定班级教学，是指学科教室和教师固定，学生根据自己的学力和兴趣愿望，选择适合自身发展的层次班级上课。不同层次的班级教学内容不同，其作业布置、考试难度和对学生的要求也不同。走班制教学作为一种教学组织形式，最早见于国外的大学，后被美国引入中学体制。走班制的一个突出特点是把学生的兴趣放在一个重要的位置，学生可以根据自身兴趣、爱好和特长选择将要学习的科目，也可以选择自己喜欢的老师，其实质类似于中国古代教育家孔子所说的因材施教。国际上，走班制教学在中学中推行最早的是美国，发展得比较成熟的也当属美国。美国的走班制教学，是在课程选修和分层教学的基础上发展起来的。我国走班制教学的产生、发展和课改密不可分。20世纪90年代走班制曾在我国风靡一时，但是受应试教育的影响，该教学模式逐步走向没落。2014年12月，教育部印发的《关于普通高中学业水平考试的实施意见》及《关于加强和改进普通高中学生综合素质评价的意见》提出全科覆盖、分类考察、不分文理、两次机会、严格公示等改革措施，明确规定高考科目由语、数、英三门必考科目和三门选修科目组成。广东新高考将实行"3+1+2"模式，提供12种组合方案。在"3+1+2"模式的12种组合中，有极少数学生选择"史化生"这样的组合。对于这种"文理兼顾"的组合，要慎重选择，"不推荐这样思维方式相互矛盾的学科组合，'3+1+2'的选择方式，实际上也是区分文理的"。自由选科时关注"文理"问题，这样在将来选择专业时才能避免学科和专业要求不符的情况。

我国的走班制教学呈现出新的态势：一是走班形式与类型的变化。经过一定时间的实践之后，走班制在我国正从单科走班走向多科走班、从分层走班走向选课走班、从单方面的分层教学逐步走向更为全面的教学组织形式。二是新技术的应用。在"互联网""人工智能""大数据"等的助推之下，走班制教学将被赋予新的含义、新的模式，诸如"互联网+走班制教学""人工智能+走班制教学""大数据+走班制教学"等或将出现。三是走班制教学实践越来越呈现本土特色。从我国走班制教学的文献来看，实施走班制教学的不同学校，其软硬件资源条件、走班制教学模式、教学评价等不尽相同，他们不再照抄照搬西方国家或者国内较早尝试走班制教学的经验，而是正在创建适合本校走班制实际的课程体系和教育管理服务体系。

立足我校实际情况，将理论应用于实践，按照相关理论的指引，把建设思路厘清，在此基础上实施方案，探索可行有效的教师个性化培养研究，具有创新意义和研究价值。借助腾讯智慧校园的技术，可构建一个集选课、授课、管理和评价于一体的在线智能化教学管理平台。通过此平台，学校除了可以开设网上在线课程，还可统一设置课程和教师安排。学生能够进行在线选课；平台根据学生人数、性别、特长等自动均衡，分别生成学生、任课老师及行政班班级课表，并进行全校课表汇总，师生可随时查看排课情况。借助教育信息化手段，如课堂反馈系统、班牌考情系统等，将走班课程与非走班课程进行有效统一管理，并形成科学评价体系。

**（二）研究设计**

**1. 研究目标**

（1）建立学校管理新平台，提高学校管理效率

选课走班带来的教室分布、师资分配、学校的教学资源、后勤保障等诸多方面管理，对传统学校管理带来了极大的挑战。而在腾讯智慧校园平台上，我校将学生、教师、学校管理等集中在线平台，无纸化公文流转，基于工作流式的校内请假、线上报修、用车申请、用章申请等日常学校管理都可以一键操作。极大地方便了广大师生，提高了学校的教育教学管理的效率。

（2）建设教学新系统，达到精准教学，支撑个性化学习

更加有效地开展教学活动，对选课走班做到选课前有科学的预判。科学选课，对常规教学考试、评价等有很好的帮助。基于腾讯智慧校园技术支撑下的课程管理系统，对选课走班的课程排课、调课、社团选课、考勤等方面有独特的设计；同时教学过程的监测、常态化考试备考阅卷、试卷分析、周测等教学流程都可以依据大平台系统，将这些教学过程性的资料数字化地保存，为后续大数据精准教学提供数据支撑。

（3）建构德育新模式，做实德育过程

在选课走班模式下，实现班级管理中德育形式的多样化、德育内容的时代化，让学生有一种"班级归属感"，帮助学生逐渐形成能够适应终身发展和社会发展需要的必备品格。我校依托班级互动电子班牌，实时更新发布时政要闻、学校大事件、学生贴近互动等，同时将学生中的榜样、优秀的教师及时推送给学生，让学生学会知校、爱校、荣校。

（4）健全后勤保障机制，提升学校后勤保障的效能

走班对教学保障的要求更高，从教室的配备、管理、设施准备、功能室使

用等方面对学校的后勤保障提出了更大的挑战，单靠传统方式是无法快捷地应对的。我校借助腾讯智慧校园平台线上支撑，如线上报修、物品申报、教室使用申请等，让学校秩序井然，更好地保障了教育教学。

**2. 研究内容**

选课走班推进的过程也是学校资源实现再分配、再利用和再整合的过程：一方面，学校需要对现有资源进行梳理和转化；另一方面，学校也需要规划和获取新资源。腾讯智慧校园技术支撑下的高中选课走班模式的初探的研究就是为了解决在选课走班中产生的学校课程设计、教学资源配置、学生选科指导等问题，给学校决策提供支撑和依据。为此，我校从以下几个方面展开研究。

（1）促进选课走班下的学校高效管理机制研究

主要包括学校行政管理、师生管理、教学管理和后勤管理。借助腾讯智慧校园平台探索学校的公文处理、信息流转、教师绩效评价、学生校园一卡通应用、图书借阅、校园消费、后勤报修等方面，形成一个行之有效、便捷的模式，促进学校高质量发展。在学校健全制度的管理机制下，技术赋能管理，让管理人性化、智能化，让管理更理性。

（2）探索选课走班下的教学管理研究

选课走班，打破传统班级的布局，使学生自主选择。高考实行"3+1+2"模式，考生共有12种科目组合可选择。在教学管理上，班级分配、师资调配、课程设置、课表安排、学生评价等方面都可以借助腾讯智慧校园平台，按照选课的规则，在系统上统一管理。

（3）基于选课走班下的德育模式研究

信息化2.0时代的到来及新高考改革在越来越多省份的启动，使"一所学校，一位班主任，一间教室"的传统意义行政班班级管理形式正在向"网络选课、选课走班"的教育服务形态改变。作为班级管理中决定因素的班主任，要将信息技术与选课走班形式相结合，实现班级管理中德育形式的多样化、德育内容的时代化、德育方式的信息化。

（4）基于选课走班下的后勤保障机制研究

选课走班下带来学校资源、班级分布、教室安排等方面重新组合，学生走班跨度加大。这些对后勤保障是一个挑战，学校后勤服务形式通过线上形式得以拓展。学生用餐、消费借助平台得以便捷实现。学生的安全保障也通过平台及时与家长互通，确保了家长及时了解学生在校的情况。由于我校是寄宿制的高中，学生每周回家一次，加上教育部于2021年2月发布的《关于加强中小学生手机管理工作的通知》指出，手机原则上不能进校园，禁止将手机带入教学区域。这样学生与家长的沟通就显得更加迫切了，我校的平台正好可以通过系统定期发布学生的信息，让家长可以及时掌握学生的动态。

**3. 研究技术路线**

第一步，基于腾讯智慧校园系统架构（图1-1），从学校管理入手，探索管理方式的模式，如学校管理的优化、工作流式设置、教师请假等方式。

第二步，分别从应用层中的教学应用、家校沟通等方面展开应用探索。

第三步，基于数据层的分析，通过数据采集、师生数据分析研究，实现数据的增值。

图1-1

**4. 研究方法**

（1）行动研究法

基于腾讯智慧校园平台的使用中，让广大师生广泛使用，从需求分析到使用的反馈研讨活动，不断优化设计，完善系统平台。不断总结，积累使用过程中的记录材料，撰写报告。

（2）经验总结法

通过使用不断提炼模式，复制推广应用场景，不断总结并深入开发应用。

（3）调查研究法

通过调查、访问、问卷、座谈等形式了解教师自身的特点及需求，提出建议和意见，不断完善系统。

## 三、研究过程与方法

### （一）研究过程

**1. 准备阶段（2021年3—5月）**

依托腾讯智慧校园平台，梳理学校的应用需求，对本课题的内涵有更深的理解，成立课题组，讨论筛选研究问题，并确定最终研究课题。开展初步调研和文献研究，归纳整理与本课题相关的资料。对应用需求进一步调查问卷，分析整理，论证可行性之后开始设计。

**2. 实践阶段（2021年6月—2022年6月）**

对腾讯智慧校园平台应用需求进行分析之后，经过论证形成可行性报告，先小范围内试用，在试用中完善之后全校推广。从学校管理、教学管理、德育管理、后勤保障这四个方面（图1-2）分别展开，以适应选课走班的实际应用需求。

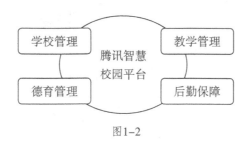

图1-2

搭建平台，开展应用：搭建腾讯智慧校园平台。

配置架构，建立场景：配置学校管理架构和四大管理中心（办公、教学、德育和后勤）。

师生培训，实践应用：培训师生使用平台。

应用推广，数据采集：让师生运用平台，采集使用数据。

数据分析，总结完善：对大数据进行分析，不断完善平台系统。

形成模式，分享推广：不断总结使用中的问题，探索技术支撑下的选课走班模式。

**3. 总结阶段（2022年6—11月）**

整理资料。研究中用到的文本资料、使用中的反馈等。

系统总结，撰写研究报告。按课题规定格式撰写结题报告，将成果进行进一步推广和实施。

**（二）研究方法**

**1. 文献研究法**

依托中国知网等文献检索工具，搜索"选课走班""智慧校园"关键字，对目前的研究成果进行梳理归纳，在已有文献资源的基础上对智慧校园技术支撑下的选课走班相关问题进行深入的思考。

**2. 文本分析法**

文本分析法是指在研究中，通过分析与综合、演绎与归纳相结合等方法，对所获取相关材料进行筛选的认识方法。

**3. 行动研究法**

采用行动研究研制智慧校园技术支撑下的选课走班模式系统，在理论建模与实践检验中进行行动研究。

## 四、研究成果或结论

经过两年的研究实践，我校按照计划，进一步完善腾讯智慧校园平台，平台由原来的分校的平台系统，拓展到集团化背景下的大平台。依托集团的优势，我们在原来南外高中腾讯智慧校园系统的支撑下，建立了基于腾讯智慧校园平台的学校管理系统、教学管理系统、德育管理系统和后勤保障系统，为选课走班提供了全方位的支撑。

**（一）理论成果**

（1）建立南外高中腾讯智慧校园标准体系。

（2）建构南外集团化学校腾讯智慧校园的体系。

（3）发表论文《腾讯智慧校园在高中学校应用探索——以南外（集团）高级中学智慧校园为例》。

## （二）实践成果

我校智慧校园建设，已经初具规模，初见成效。我校已获得全国首家"腾讯智慧校园标杆示范校"。我校重视信息化建设，在我校筹建阶段，就将信息化纳入整个学校建设的体系里。我校在硬件上实现有线无线网络双覆盖，有线网络万兆主干，全光网千兆到桌面；还有人脸识别门禁系统、安全监控、消防、数字广播等。智能交互一体机、智能物联系统覆盖的教室，实现对空调、灯、窗帘、室内的空气质量、$PM_{2.5}$等全方面立体的智能动态监控。我校的办公、教学、德育和后勤都基本实现线上系统运行，为选课走班模式的运行提供了支撑。

（1）选课走班下的学校办公管理方面，学生流动给管理增加了很大的难度，学生班级有行政班和选课班。我校系统里做好一个原始ID记录学生的考勤、考试数据等信息。

（2）选课走班下的学校教学管理方面，我校对学生进行数据采集，结合班级的特点，支持选课、社团选课，并对学生参与进行考勤和评价。建立学生考试云数据，为学生进行数据画像，建立学生精准学习系统，做到一生一档。

（3）选课走班下的学校德育管理方面，建立、利用学校云屏互联、学生榜样展示，与学生综合评价系统对接，从学生德智体美劳方面入手，实现五育并重、五育并举，采用多元评价方式来进行。

（4）选课走班下的学校后勤保障方面，学生请假、维修申报、物品采购等，从系统上进行申报，一键审批，极大提高了后勤运行的效率。宿舍管理，借助智能物联系统实现对灯、空调、窗帘等智能化管理，极大降低了能耗。

# 五、研究成效与分析

通过本课题研究，我校探索出在腾讯智慧校园环境下选课走班的模式，通过两年的运行实践，在学校管理、教学管理、德育管理和后勤保障四大方面变革，为选课走班在高中学校实施探索出一套可行的方案。

## （一）基于腾讯智慧校园技术支撑，应用优势呈现

### 1. 系统融合，单点登录

我校依托腾讯智慧校园平台，融汇学校的教学、管理等各个场景，构建基础数据库，打通各个场景的应用，实现统一单点登录。

**2. 智慧办公，提升效率**

我校利用腾讯智慧校园中的OA办公系统满足请假、物品申领、维修报修等日常办公需求，提升效率。

**3. 智能排课，选课走班**

我校的走班排课系统能非常好地适应广东新高考改革。它根据学生的选科情况，完成新高考模式的分班工作，并且基本满足学生们的选科要求。配合强大的排课功能模块，我校能很快地排出学生走班课表，并且能尽可能地减少自习的学生。

**4. 智能班牌，动态显示**

我校的班牌，不仅是班级文化的展示窗口，也是学生信息的查询窗口。选课走班模式下，每位学生都有自己独特的课题，对于下节上什么课、在哪个教室上、授课教师是谁等问题一查班牌就可以知道。由于我校的班牌、走班排课系统都实现了与腾讯智慧校园的数据互通，因此班牌还具备学生走班考勤功能。

**5. 智能物联，环境监控**

每间教室除配备常规一体机、实物投影仪等电教设备外，还加装了空调、电扇、电灯等物联设备以及传感器，我校能及时了解教室环境变化并进行调整，以保证学生拥有舒适的学习环境。

**6. 数据分析，精准高效**

我校的考试及成绩分析模块，除可以满足大型考试的相关要求外，还可以实现快速小型测验。教师如果想进行一次简单的小型测验，只需简单的几个步骤，5分钟左右就可以完成。

**7. 腾讯课堂，免费开放**

新冠疫情防控期间，我校利用腾讯课堂按在校课程的标准开展在线教学，并且我校腾讯课堂上还有59节优质课通过南方+等平台向全社会免费开放。其间，我校的在线考试、在线作业模块，成为在线教学的有效补充，其易于使用的特点受到师生的好评。

**（二）教育管理覆盖全校**

在学校管理、教学管理、德育管理和后勤保障四大方面，覆盖学校全过程。

## 六、研究创新点或进一步的思考

学校目前在信息化方面有四大困惑。一是学校应用个性化需求，需要专业的开发团队实现应用，目前学校的人力物力还需要增强；二是对教学应用的探索需要加深，通过机制创新调动广大教师的参与热度，让信息化应用与学科深度融合；三是应用系统建设不平衡，力量参差不齐；四是信息安全问题需要注意，应加强信息安全建设。

依据《教育信息化十年发展规划（2011—2020年）》《教育部等九部门关于加快推进教育信息化当前几项重点工作的通知》《中共深圳市委深圳市人民政府关于推进教育改革发展率先实现教育现代化的决定》《深圳市中长期教育改革和发展规划纲要（2011—2020年）》《深圳市信息化发展"十二五"规划》《深圳市教育发展"十二五"规划》《智慧深圳规划纲要（2011—2020年）》等文件要求，结合集团教育改革和发展实际，特制定南外高中信息化发展规划。

### （一）基本原则

**1. 体现系统规划的原则**

信息化建设是一项系统工程，统一规划，系统思考，在顶层设计的基础上，分步实施，有序推进。

**2. 坚持科学发展的原则**

信息技术创新高，发展迅速，学校的主要业务也会不断发展、调整、变化。既要立足学校现状，又要保持适当的前瞻性，我们要高起点地推进学校信息化进程，实现信息化建设的可持续发展。

**3. 简单、易用和实用的原则**

学校信息化系统要体现简单、易用和实用的特点。

**4. 以人为本的原则**

在实施信息化的过程中，要保持探索知识的相对自由，保持校园所特有的文化、行为与个性化，促进受教育者的健康发展。

### （二）实施方案

按照学校智慧校园建设总体架构，分两期完成智慧校园的建设，有目标、有规划、有措施，切实推进智慧校园的建设工作。

第一期硬件升级，在分校间建立万兆主干的校际互联高速通道，打通校际信息孤岛，为各类应用打好基础环境；软件部分，构建智慧校园的总体软件平台，将系统框架细化分解，优先完成智慧办公系统、智慧空中课堂系统的建设，以突破集团化环境下的课堂和办公的时空限制。

第二期应用深化，主要完成智慧校园的其他应用部分以及接入各分校的特色应用部分，实现应用统一规范，统一标准，达成单点登录，数据间互通共享，实现大数据的采集分析，为教育教学提供大数据支撑。

总之，学校信息化环境不断优化，实现公共区域无线网络覆盖，可集中进行基于身份认证的接入控制，在校园有线、无线网络的无缝对接的基础上进一步优化网络基础环境，支持移动学习、移动办公，为学生创新学习和实践提供优质的环境，为集团的长远发展奠定基础。

# 从一项实验谈减轻学生课业负担的途径

学生课业负担过重一直是困扰着我国基础教育的一个突出问题，以数学为例，主要表现在常以多种形式超规定增加学生上课时数，学生课外作业题量过大，复习、迎考时尤甚，课本上的习题总是"供不应求"，名目繁多的各类习题集、复习资料、同步练习册等仍然充塞着学生的书包。尽管国家教委已明确限定了小学和初中学生课外作业的时间，但情况仍改变不大，造成这种状况的原因是复杂的，其中一个主观因素是教师自身的教学思想和方式方法失当。例如，有的教师片面认为，学生做题越多，见过的题型越广，应考就越保险，对"题海战术"意犹未尽，避其言而行其实；也有的是在竞争条件下不得已而"寸土必争"。而对如何通过优化教学过程，来提高学习效率、减轻学生负担、促进学生全面发展，则研究较少。针对这一问题，我们在西南师大附中初96级的两个平行班做了一项简单的对比实验，结合在这两个班三年严格控制教学课时数和作业量取得的初步成效，意在对减轻学生课业负担，提高教学质量的途径作一点探索。这项简单实验的方式是在两个班复习教学时，教师对几何、代数各一个单元先进行事前未通知的摸底测验，然后用轮组实验法分别以不同的题量进行该单元的讲例和练习，再对该单元进行第二次测验，统计出考分后进行对比分析。

## 一、实验情况

### 实验1

对象：初1996级1、2班。

时间：1995年11月21日上午第一节（50分钟）。

测验内容：几何"相似形"一章。

题目构成：共四个大题，其中第一大题含8个填空题。

测验结果（表1–1）：

表1–1

| 班级 | 分数 | | | | | | | |
| --- | --- | --- | --- | --- | --- | --- | --- | --- |
| | 90～100 | 80～89 | 70～79 | 60～69 | 50～59 | 30～49 | 30以下 | 平均分 |
| 1班 | 4 | 6 | 8 | 3 | 7 | 17 | 7 | 56 |
| 2班 | 4 | 4 | 5 | 6 | 4 | 16 | 12 | 51 |

摸底测验后，两个班各用8学时（每周5学时）集中进行这个单元的复习。在1班课堂上讲例题共32题，布置课外练习32题。在2班课堂上讲例题共24题，布置课外练习16题。1班比2班多讲练的题是2班讲练题中的类似题，不增加新型题和高难题。

**实验2**

时间：1995年12月7日上午第一、二节（100分钟）。

测验内容：同实验1。

题目构成：共八个大题，其中第一大题含10个填空题。

测验结果（表1–2）：

表1–2

| 班级 | 分数 | | | | | | | |
| --- | --- | --- | --- | --- | --- | --- | --- | --- |
| | 90～100 | 80～89 | 70～79 | 60～69 | 50～59 | 30～49 | 30以下 | 平均分 |
| 对比班（1班） | 16 | 11 | 12 | 3 | 3 | 6 | 1 | 79 |
| 实验班（2班） | 16 | 8 | 5 | 11 | 6 | 4 | 1 | 76 |

**实验3**

时间：1995年12月11日上午第一节（50分钟）。

测验内容：代数"二次函数"一章。

题目构成：共四个大题，其中等一大题含9个填空题。

测验结果（表1–3）：

表1-3

| 班级 | 分数 | | | | | | | |
|------|------|------|------|------|------|------|------|------|
| | 90~100 | 80~89 | 70~79 | 60~69 | 50~59 | 30~49 | 30以下 | 平均分 |
| 1班 | 5 | 5 | 8 | 8 | 11 | 9 | 6 | 59 |
| 2班 | 4 | 6 | 9 | 8 | 3 | 14 | 7 | 56 |

摸底测验后，两个班各用8学时集中进行这个单元的复习。在1班课堂上讲例题共24题，布置课外练习（5×2）10题。在2班课堂上讲例题共32题，布置课外练习（5×4）20题。其中有三天对两个班均未布置练习，安排学生自己阅读复习教材。

**实验4**

时间：1995年12月27日上午第五、六节（100分钟）。

测验内容：同实验3。

题目构成：共八个大题，其中第一大题含6个选择题，第二大题含8个填空题。

测验结果（表1-4）：

表1-4

| 班级 | 分数 | | | | | | | |
|------|------|------|------|------|------|------|------|------|
| | 90~100 | 80~89 | 70~79 | 60~69 | 50~59 | 30~49 | 30以下 | 平均分 |
| 对比班（1班） | 15 | 13 | 8 | 11 | 0 | 4 | 1 | 79 |
| 实验班（2班） | 8 | 16 | 12 | 4 | 3 | 6 | 2 | 75 |

## 二、情况说明及实验分析

本年级共五个班，在初一编班时生源情况总体基本持平。期中1班是全年级唯一的住读生班（家离学校较远），1、2班的数学教师也是1班的班主任。从初一起，1、2班的数学课就严格按照大纲规定的学时数进行，我们没有以任何形式加过课，平时给学生布置的课外作业均是书上的习题，从不补充例、习题。

每学期期末复习，除课本上的复习题外，我们也从一些资料上选取部分题给学生讲解、练习和测查，但均是利用课内完成、课内讲评，不占课外时间。复习阶段课外练习题量也比其他班少。不要求学生购买课外习题资料。每学期末，全年级都是用统一试题考试，流水法改卷。每个学期期末考试成绩见表1–5（成绩来源于教务处，缺初二上）。

表1–5

| 平均分\年级\班级 | 初一（上） | 初一（下） | 初二（下） | 初三（上） | 初中升学统考（150分） | | |
| --- | --- | --- | --- | --- | --- | --- | --- |
| | | | | | 120分以上人数 | 100分以上人数 | 90分以下人数 |
| 1班 | 71.2 | 83.8 | 80.4 | 70.4 | 45 | 79 | 8 |
| 2班 | 70.3 | 82.8 | 79.2 | 66.8 | | | |
| 3、4、5班 | 78.7 | 80.9 | 71.3 | 57.6 | 25 | 70 | 29 |

同时，1、2班自初一下学期起一直保持全年级优生率最高和差生率最低。1996年全国初中数学联赛，重庆市参赛学生获80分以上的共77人，西师附中初三学生中有9人获80分以上，其中8人在1、2班（每班各4人），由于1、2班学生平时课业负担较轻，有更多的时间自己支配，学生的主动性增强，其他学科成绩在全年级也处于领先地位。

这次1、2班的单元测查对比实验只是给出了近三年自然条件下教学对比尝试的一组"特写镜头"。由于实验样本较小，周期短，其结论的局限性和实际误差很难避免。但作为减轻学生负担取得一定成效的一个佐证，其相关程度较高，就具有一定的参考价值。由这两次对比实验结果可以看出：

（1）两次突击摸底测验，两个班的平均分均未达到及格分，这是因为，测查的这两章都是初二下期学习的，距这次测验已近半年，学生由于知识遗忘的缘故没有考出实际水平。这再次说明了对知识技能的复习巩固和及时强化是学习的重要环节（"复习是学习之母"）。因此，迎考前的复习必须引起足够重视，但也在一定程度上反映出中差生掌握知识技能尚不牢固的普遍性问题。

（2）通过对每个单元8个学时的复习练习，两个班平均成绩均提高20分左右（1班由于住校，平均成绩已稳定高于2班3分左右）。而无论1班还是2班，适当减少例题的讲解和课外练习题数量，并未对该班测验成绩造成任何不良影响，反而在两次减少题量的班，学生成绩回升的幅度均比增加题量的班更大些。例如，几何复习后测查（2班做题较少），1班由原来50分以下24人减少到60分以下28人（回升幅度58%），而2班由原来50分以下28人减少到60分以下11人（回升幅度61%）。代数复习后测查（1班做题较少），2班由原来50分以下21人减少到60分以下11人（回升幅度48%），而1班则由原来50分以下15人减少到60分以下5人（回升幅度67%）。优生成绩回升的差异相对较小些。这一方面说明差生对复习的依赖程度更强，量与质并不呈正比例关系。过量的讲练往往是造成抄袭和应付了事的主要原因，有碍学生主动性的发挥并对主体的思维活动产生抑制作用。

## 三、结论和建议

数学教学以传授知识、发展学生思维能力、进而形成运用数学知识来分析和解决实际问题的能力为目的，其中发展能力是教学的核心。当前数学教学中一个根本性的问题是教师培养和发展学生数学思维能力的意识不足，缺乏正确、有力的教学手段，其中之一就是教师只注重教学的近期效果，满足于学生的能模仿。

由于学生能力发展滞后，学习中更多的是依赖死记硬背，为应付考试，他们就只有针对各种题型大量练习，以数量求质量，形成所谓的题型教学和题海战术。这种教学方法不仅大大加重了学生的课业负担，而且助长了厌学情绪，使学习效率下降，形成了一种教学上的恶性循环。西师附中初1996级1、2班三年的教学实效及上述对比实验在一定程度上证明了减轻学生负担不仅不会影响学习成绩，而且有利于提高教学质量，这就是教育的辩证法。当然，减轻负担的含义绝不是消极的，并不是以少为好，甚至放任自流，掌握适当的"度"，讲求科学的教与学的方法是关键。这两个班在树立良好的班风、融合师生情感、激发学习兴趣及注重思维活动过程教学上下了一定功夫，这也是取得较好效果的重要因素。通过以上事例，我们提出几点构思与同行们共商。

（1）学科教学的真正目的是实现"素质教育"。教师应该用战略眼光看待自己工作的意义和价值，要适当淡化成绩竞争上的心理满足。我们要建立这种意识，在义务教育阶段，为学生德智体全面发展打好基础才是最重要的事情。

（2）教学必须遵循学生的认知规律，符合其身心特点，"模仿类型+强化训练"式的做题是教学上的蛮干。用这种方式获得的成绩的"含金量"是不高的。教师应更多地信任学生，给学生更多的主动权，还学生本属于他们自己的时间和空间，这是有效发展的前提。

（3）激趣、启思、致用是现代教学的三部曲。教师要激发学生学习的动力，让他们在志趣的牵引下主动、愉快地学习，而不是在巨大的压力和逼迫下学习；应启动学生的高级心理活动，让他们勤于思考、善于动脑，而不是靠记忆加模仿学习；要加强数学活动（思维活动）过程教学，要指导学生灵活运用数学知识分析和解决实际问题，而不是只满足于会解生造的形式化的成题。

（4）注重情感效应，贯彻因材施教。师生情感与教学效果呈正相关。鼓励的态度对学生是重要的，对学困生更是宝贵的。很多情况下，教师对学困生的不良情绪和态度会抵消自己教学上的努力，心理学上的罗森塔尔效应应成为教师施教的常识。人的个体差异客观存在，学生自不例外，因此，永远没有理由歧视有学习愿望的学困生。贯彻因材施教原则不仅应体现在课堂、个别辅导方面，也应体现在作业上，长期以来布置作业的"一刀切"有必要改进，教师可以将统做题改为基本题和选做题两类，如果能使不同程度的学生都各得其所、力所能及，那么部分学困生是有望改观的。

关于该论文，作者还需要说明几个问题：首先，实验时两个班级都不知道我在做实验，因为两个班级学生组成比较特别。1班全住校，距家里较远；2班全走读，下午放学就回家，和1班同学没有交集。老师做的对比试验，学生是不容易发现的，这样保证了我们的实验没有受到其他因素干扰，从而保证了实验结果的准确性。其次，两次测试的命题完全是我自己命题，因为我不希望在考试试卷上有原题，尤其是第二次考试，如果有都讲过的原题，显然少讲的班级更有优势，因为老师讲得更慢更仔细，如果仅仅是多讲过的班级一个班讲过的题目，那多讲的班级学生就有先天优势，所以，我不允许有讲过的原题出现在两次考试之中。我自己命题能够保证没有原题，能够保证考试题目的原创性，保证真正考到学生的问题解决能力。

论文很快得奖并发表。由于该实验是我亲自做的，得到了真实的好结果，所以我坚定不移地相信"减负增效"是切实可行的，并坚定不移地实施。20多年以来，实验不断改进、不断提高，创造了系列成果，取得了许多优异的成绩。其中，改进最大的就是作业的完成方式，从那次以后，为了调动学生学习的主动性，保证学生学习的自觉性以及作业的"巩固提高"的功效性，我认为作业还有一个重要作用就是让老师知道学生真实的学习情况，为后续教学提供参考，于是我的改动是，允许学生选择性地完成作业。在上新课阶段，作业原则上是统一布置，要求学生自己独立做，不允许照抄，不允许问同学或者家长，初中生原则上一道题目独立思考10分钟做不出来就写"我不会做"，高中生原则上有题目思考了15分钟仍然不知道怎么做就写"我不会做"，凡是写"我不会做"的也相当于完成了作业。这样保证了我知道每个学生对知识的掌握程度，知道后续的教学需要解决的问题。当然，这个时候可能有个别学生本身不做就写"不会做"来应付。每当我感觉学生能够做出来而写"不会做"时，我会选择性地把学生叫来当面询问，学生这个时候往往不会再撒谎，然后，我会让学生当面做这个题目，此时，大部分学生都能够很快做出来。于是，我不仅要批评这个学生的不诚实，对自己的不负责任，还要批评学生看不起自己，不相信自己的能力。这种批评应用得当，其实是对学生的进一步表扬和鼓励，对激励学生进一步认真学习往往会很有效果。我经常看到部分老师苛刻地要求学生必须完成当天的作业，完不成就要惩罚，于是有的学生就照抄或者问家长以及其他人来完成作业，老师得到的作业都是学生做得很好的，从这样的作业中老师发现不了学生存在的问题，导致后续教学的针对性大打折扣。久而久之，这些学生发现照抄作业比自己做效果更好，老师还更喜欢，于是，他们天天只管照抄来完成作业。可以想象，这样的完成方式对学生又有多少帮助呢？

正由于这样改动，学生的成绩越来越好，优势越来越明显。选择之二在于，在复习阶段（这里的复习包括章节复习，期中期末考试前复习以及升学考试复习），我要求学生首先选择需要做的题目，有时供学生选择的作业题目数量可能会适当多些，但我不要求学生都做，只要求学生完成一半的作业，让学生自己选择。选择的标准是：自己觉得掌握得非常好的题目打一个勾，然后就不需要做了，自己感觉根本不可能做的题目（往往是自己感觉特别难的题目，没有思路的题目）打一个叉，也不需要做；把自己觉得好像能够做，又不敢肯定的题目认认真真做并认认真真书写。如果某天的作业都觉得不需要做，那么也要把后面的三分之一的题目认真做；如果觉得题目都不能够做，也要把最前面的两个题目多花时间好好思考，力争做出一个或者两个。这样，作业真正起到了巩固和提高的作用，不做已掌握得很好的题目，是为了节约学生时间，不花过多时间浪费在他不会的题目上也是这样的原因，因为我们必须承认的事实是，班级的学生必然存在差异，甚至差异很大。因此，既然要因材施教，那么作业也要因人而异。也许有的老师会说学生不会选择怎么办，这是再正常不过的了，学生当然不是天生就会选择的，我们必须在这个过程中逐步教会学生选择，培养他们的判断与选择的能力，这本身就应该是我们教学的一个基本内容，最糟糕的情况是，部分老师发现学生不会选择了，马上就代替学生选择，这是非常不好的，我们需要给学生时间，让他们在摸索中学会选择，学会自我诊断与提高。与此同时，我也通过家长会以及通信工具告诉家长，作业过程中不需要家长帮助，包括不要家长检查学生作业是否做完，不要家长帮助学生解决难题，不要家长帮学生检查是否有错误，这些工作全部都是学生自己的事情，需要他们真正地展示出来。那么，是不是就不需要家长或者老师帮助了呢？也不完全是，因为班内学生必然有差距，老师的作业评讲也不可能面面俱到，不可能完全照顾到所有学生。评讲后还不能够理解的学生是可以找同学、家长或者老师询问的，必须要把问题解决，而不能积攒问题。当然，在复习阶段，我们应该根据学生实际情况，包括智力水平、基础状况等进行分层次要求，对基础比较弱的学生，应该适当放弃部分难题，而把时间放在基础部分，不能好高骛远，而应该力求有进步，力争得到一个相对的高分，这就是所谓的"有所不为才能够有所为"。

# 2

第二章

典型课例
树模板

# 典型课例，自然探索，真实高效

—— "探索三角形全等的条件"课堂实录及点评

## 一、教学背景

三角形全等的判断，教材上一般叫作"探索三角形全等的条件"，往往是分三节课来讲解的。我一直认为，这样分不利于学生思维的发展，也不利于学生对知识与方法的掌握。在本届教学时，恰逢深圳市开展"名校名师"录像课活动，于是，我在原来几届学生试点的基础上，大胆将这节课作为深圳市"名校名师"录像课的课例，45分钟顺利完成了内容，受到一致好评。这里整理出文字稿件，供更多同人探讨。

## 二、教学过程

### （一）复习性质，类比引入学习判断的必要

师：请同学们回忆三角形全等的性质。（用PPT展示两个全等三角形，在同学小声回答了性质后展示）（如图2-1所示）

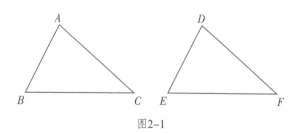

图2-1

∵ $\triangle ABC \cong \triangle DEF$

∴ $AB=DE$，$BC=EF$，$CA=FD$

$\therefore \angle A=\angle D$，$\angle B=\angle E$，$\angle C=\angle F$

师：我们发现，三角形全等了，边角都对应相等了，这样，我们就可以把三角形全等作为我们用来判断边或者角相等的工具了。也就是说，我们为了证明在不同的两个三角形中的两条边相等或者两个角相等，我们可以通过先证明这两个三角形全等来实现。

点评：通过回忆性质，发现用途，进而想到要寻求如何得到三角形全等，更自然一些。

**（二）探索三角形全等的条件**

师：这样，判断全等就显得很重要了，现在判断全等只有一种办法，即定义。这显然是没有办法用的，我们能否找到一些简单的条件来判断三角形全等呢？我们知道，两个三角形要全等，那么这两个三角形应该是不能变的，或者说这两个三角形是完全固定的，完全确定的。而三角形有6个元素，即3条边和3个角。我们看能否少一些条件就能够准确地确定一个三角形，我们逐步讨论。

师：一个条件，边还是角？

生齐：都不行。

师：两个条件，两角，两边，一边一角？

生齐：还是都不行。

师：三个条件，情况比较复杂，请同学们回答。

（同学们思考几分钟后）

生1：三条边，行（学生用手中各种笔摆模型回答）。

生2：三个角，不行。学生用三角板展示，大小不同的三角板，角度对应相等，但不全等。

生3：两边及两边的夹角，行。学生用圆规展示，两脚代表两边，夹角即相等的内角。

生4：两角及一边，行。有两种情况，两角及夹边。（学生用笔表示一边，两端各一个定角展示确定了一个三角形。这样，由三角形内角和180度容易知道两角及一对边当然也行）

生5：两边及一边的对角能够确定一个三角形。（该学生还是用笔等展示的，但只说了做法，没有能够具体地用实物做出来）

师：你想想，你是否真的能够准确地确定一个三角形？也就是说能够做出唯一的一个三角形?

生6:她的回答是错的,两边及一边的对角不行。(学生也用笔和圆规展示出了两个显然不同的三角形)

师:两边及一边的对角不行。

老师用圆规和一只带线的毛笔展示给学生看各种情况,并在黑板上画出两种情况的图(图2-2)。图中有AB=AB,AC=AD,∠B=∠B,显然画出了两个满足条件的三角形:△ABC与△ABD,这两个三角形显然不全等。(在上课时用圆规的两脚表示BA,BD,一只带挂线的毛笔表示AC,将挂线挂在圆规的脚A处,毛笔的另外一端可以到C和D两个地方)

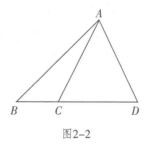

图2-2

点评:这个地方让学生充分讨论,并引导学生通过笔、圆规、三角板等工具直观地感受,对学生的理解十分有帮助,因为是让学生自由思考得到的,而学生的思维是独立和发散的,不可能像课本那样按照不同条件分成几节课时,这也更符合学生的认知规律,结论相当于是学生自己发现的(实际上是再发现,但对学生而言是实实在在的发现),学生也更容易掌握和接受。

师:能够确定三角形的条件就能用来作为判断三角形全等的条件,具体应用中我们分别用S代表边,用A代表角,那么,必须要有三个条件才可以用来判断三角形全等,具体说,SSS,SAS,ASA,AAS都可以,但SSA不可以。在具体应用中,我们往往按照如下方式(用PPT展示)(图2-3)。

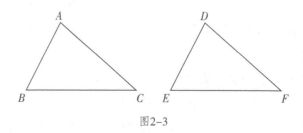

图2-3

如图2-3所示，∵AB=DE，BC=EF，CA=FD

∴△ABC≌△DEF（SSS）

（2）∵AB=DE，AC=DF，∠A=∠D

∴△ABC≌△DEF（SAS）

（3）∵∠A=∠D，∠B=∠E，AB=DE

∴△ABC≌△DEF（ASA）

**点评：**给出规范的应用书写方式，有利于学生具体应用，对学生书写起示范作用，对于学习能力较强的学生来说，这样要求是因材施教的具体表现。

**（三）通过例题，体会用法**

例1：如图2-4所示，AB=AC，∠CDA=∠BEA，你能说出CD与BE相等的理由吗？

生7：△ABE≌△ACD（AAS）

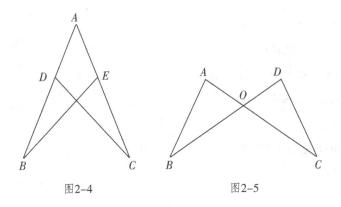

图2-4　　　　　图2-5

例2：如图2-5所示，AB=CD，AC=BD，你能够得到哪些角相等？为什么？

生8：用现有字母能够表示的相等的角有

∠A=∠D，∠ABC=∠DCB，

∠ACB=∠DBC，∠ABD=∠DCA

师：很好。

例3：如图2-5所示，AB=CD，AC=BD，那么BO=CO，AO=DO都成立吗？为什么？

（学生在思考，无人起来回答）

我们想想，如果成立，那么，有什么结论？（老师在巡视中提示）

**点评**：老师要随时控制课堂，引导学生思考。这题目现在做无疑是具有相当的难度的，老师及时提示，暗示学生思考的方向，最后还是学生自己想出来的，让学生在其中体会成功的乐趣，处理得很好。

生9：$\triangle ABO \cong \triangle DCO$（SSS）。

师：能否得到这两个三角形全等呢？

生9：好像不能够直接得到。

师：差什么条件？能否想办法找到差的条件？

生9：我们可以连接$BC$，通过$\triangle ABC \cong \triangle DBC$得到$\angle A = \angle D$。

师：很好！其实，在找到证明以前，我们通过假设结论成立的方法来猜测要证两个三角形全等，但实际上我们要证的是边相等，于是，只能通过利用角相等来证明三角形全等。自然让我们想到能否得到$\angle A = \angle D$？于是启发我们想到连接$BC$，从而得到有证明的方法，证明过程如下（用PPT展示给学生看）。

证明：连接$BC$（图2-6）。

在$\triangle ABC$与$\triangle DCB$中

$\because AB=DC$，$AC=DB$，$BC=CB$

$\therefore \triangle ABC \cong \triangle DBC$（SSS）

$\therefore \angle A = \angle D$

在$\triangle ABO$与$\triangle DCO$中

$\because AB=DC$，$\angle A = \angle D$

$\angle AOB = \angle DOC$

$\therefore \triangle ABO \cong \triangle DCO$（AAS）

$\therefore BO=CO$，$AO=DO$

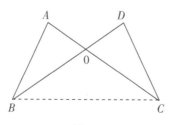

图2-6

**点评：**在引导学生讲述出解决问题的思路后，老师再一次整理和厘清条理，尤其是强调思路的切入口，对学生今后如何解决问题，如何去寻找思维的入口很有帮助。

**（四）小结**

师：本节课我们通过具备什么样的条件就能够确定一个三角形出发，探讨了判断三角形全等的条件，分别是SSS，SAS，ASA，AAS。特别要注意的是SSA不可以，有了三角形全等的判定，我们就可以通过部分条件证明两个三角形全等，从而得到在两个三角形中的边或者角相等。我们的例题就是很好的实例，明天我们将进一步探讨三角形全等的应用。

作业：

（1）认真看课本P157—P168。

（2）课本P157—P168的相关习题写在作业本上。

（3）课外思考题：如图2-7所示，$AB=AC$，$AE=AF$。$BF$与$CE$交于点$D$，请问：$AD$平分$\angle BAC$吗？为什么？解答后进一步思考从例1到思考题各题之间有什么关系。

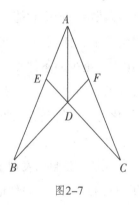

图2-7

# 三、总评

## （一）回归自然，真正探索

此课是深圳市"名校名师"录像课的课例，一节课45分钟，内容量大。该校初一年级是采用走班制对数学进行分层次教学的，冯大学老师这个班是年级的数学学习能力相对较强的，他要求学生不预习，目的在于充分调动学生积极思考，发挥学生学习的主动性，实现真正意义上的"探索"。教材所设计的探索更多的是验证，冯老师将探求三角形全等的条件转化后，真正让学生思考，怎样才能够确定三角形，是回归自然的探索，是更高要求的探索。不让学生预习，目的是不让学生的思维受到过多的限制。这样探索出来的结果，相当于是学生自己"再发现"了新结论，学生也会有更多的成就感。这样教学必须要有长期的坚持训练，由于是学生自己思考，没有按照教材分情况，因此，他采用一节课上完内容，后面再上一节应用课，效果好，节约时间。

**（二）精心设计例题习题，隐含"串题"思想**

例题到思考题的设计也是花了心思的，选取题目隐含了"串题"的思想，即例题和习题图形和结构上相似并逐步深化，解决方法也有类似之处，后面的题目通过转化变成和前面的题目类似的解法。这样既为学生思考搭建了阶梯，更有利于学生找到解题突破口，也利于学生思维训练，思考题多问也给学有余力的学生提供了思考的广阔空间。

**（三）这是一节典型的高效课**

我们知道，我们要向课堂45分钟要质量，我们必须要高效，要达到高效，我们要想尽办法用最少的时间获得最大的收益，要提高单位时间的教学效率和学习效率，要保证学生通过学习获得的知识和能力有明显的效果。冯老师这节课，从复习全等三角形的性质入手，他发现可以通过全等来讨论边和角的相等，于是想到如果能够通过比定义更少的条件来得到两个三角形全等，目的就能够达到。为了这个刚性的要求，他让学生带着目的去寻求全等的条件，为此，又将这个要寻求的条件转化为"如何确定三角形"，变成要做成一个三角形。最后，学生通过身边的笔、圆规和三角板等工具来做三角形，从而得到判断三角形全等的条件。这样，他既让学生自己发现了新结论（判定方法全是学生自己发现的），使学生获得了成功的喜悦，又自然地重组了教材，达到了提高效率的目的。他对例题和思考题的安排既使学生不自觉地上升到了一定的高度，又没有让学生觉得很困难。在大力提倡减轻学生课业负担的今天，冯老师通过高效课堂来提高教学效率，无疑为学生节约了学习的时间，既达到了减轻负担的目的，又很好地训练了学生的思维。

## 四、教学反思

（1）教材分三节，把定理人为分开，从思维角度说是没有道理的。分的根据是什么？道理在哪里？学生的思维是这样的吗？我记得，给不同的三届学生分别上这个课时，当作为施教者的我抛出问题，确定三角形的条件就是可以是什么，到三个元素作为条件时，不同届学生的回答刚好不一样，第一次是SSS，第二次是SSA，经过老师引导学生讨论后发觉是错的，改成了SAS，第三次是ASA。这正好说明了，教材这样分是没有道理的。

（2）按照教材的安排，学生每学完一种方法后就依样画葫芦地做当天的作业，根本不需要选择用什么方法去做作业，而作业的本质应该是学生根据题目的条件和结论来分析所需要选择的解决问题的方法，这个做作业重要的环节变成了学生模仿做而不是分析做了。如果三个（实际上是四个，但ASA与AAS基本上是一类的，所以是三类）定理一起讲，然后作业每天都混搭，让学生每天都需要选择究竟用哪个定理证明，只是后面两天的例题，习题越来越难一点点，但都必须要分析选择。同样是三节课，三节课下来，可以肯定的结果是效果显然是完全不一样的，学生的解题能力训练出来也完全不一样。

（3）这节课，我连续上了三届，分别是2011年、2014年、2017年，三届学生水平不完全一样，2011年的学生学习能力最好，2017年的学生学习能力最差，但三届学生都完成了内容，最巧合的是，三届学生在提出确定三角形的条件时，学生回答出来的答案先后顺序都不一样，而且在回答之初都有学生讲到SSA可以，后来都有学生举出反例说不可以。可见，学生的能力是足够的，关键在于我们是否相信学生能够达到这样的水平，是否给了学生展示和表现的机会，这也正是我们教师所需要探讨的。


（执教老师：深圳高级中学教师、深圳市名教师冯大学。点评老师：深圳市教育科学研究院石永生）

# 以提升能力为目的的复习课教学设计

## ——以一节"部优"课为例

### 一、复习课教学功能初探

对于复习课，许多老师说好上但又难上好，究其原因是复习课的定位问题。复习课应该有两个主要功能。一个功能是把书读薄，能够归纳总结出本章节的主要内容和主要数学思想方法。而传统的做法往往都是老师归纳总结，这显然让学生兴趣不高。我长期采用的"不预习下的发现式教学法"，即在新课授课时不准学生预习，课堂上更多地关注学生的思维活动，更多地带领学生思考，创设情景让学生发现，发现问题，发现结论，在这些发现的过程中既训练了学生的思维能力又增强了他们的自信心。每次课后作业，我都是让学生先看书总结，为此，复习课始终坚持让学生自己总结，看着书目录总结。另一个功能就是思想方法的总结提升、解题能力的提升。仅仅是回忆和归纳总结，没有深化和提升的复习课我认为不是一节好课。为此，在章节新课之初教师就应该有整体的规划和设计，实际上，现在更多专家和一线教师更注重章节或者单元的整体设计而不仅仅是单课时设计，以确保复习课让学生能力有进一步的提升，真正让复习课变成章节的压轴戏。2016年11月我按照这种思路设计并上课，并将复习课录像上传参加"一师一优课，一课一名师"活动，获评教育部"优课"称号，现以此课为例，对复习课的教学设计谈谈具体想法。由于整个教学设计内容不多，我先呈现完整的设计，然后再略述。

## 二、一节具体的复习课教学设计

### 《基本几何图形》复习教学设计

**（一）教学目标**

**知识与技能**：通过复习，进一步让学生体会几何问题之间的关系以及有关解题思路，提高学生思维水平。

**过程与方法**：通过对已经学习的有关内容的复习、对问题解法的回忆，以及进一步深化探究，引导学生通过观察、猜测得到新的共同规律，从而进一步增强学生分析问题和解决问题的能力。

**情感态度与价值观**：引导学生在类比猜测等数学活动中体验探索、交流、成功与提升的喜悦，激发学生学习数学的兴趣，进一步树立学生的学习自信心，培养学生大胆猜想，小心验证、推理的严谨科学态度。

**（二）教学重难点**

**教学重点**：复习本章主要内容，厘清它们的相互关系，并对有关方法进行深化、总结。

**教学难点**：引导学生通过类比，想到复杂几何问题的解法。

**（三）教学过程**

**1. 回忆，巩固**

请同学们对照书本目录，回忆本章所学内容，注意重点问题和易错问题。

（1）线段、射线、直线。

（2）比较线段的长短。

（3）角。

（4）角的比较。

（5）多边形和圆的初步认识。

整章节的内容可简单概括为图2-8。

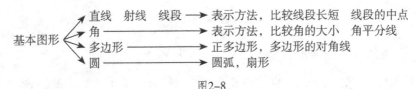

图2-8

这里有许多可以通过对比来理解、掌握的地方。下面是我们已经做过的两个题目，不知道同学们发现它们类似的地方没有。（图2-9）

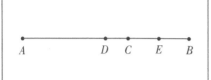 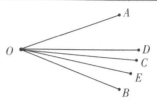

已知：如图，$AD=DB$，$C$是线段$DB$上一点，$CE=EB$，$AC=30$。

求：$DE$。

解：$DE=CD+CE$

$\qquad =AC-AD+CE$

$\qquad =AC-\dfrac{1}{2}(AC+CB)+CE$

$\qquad =\dfrac{1}{2}AC$

$\qquad =15$

已知：如图，$\angle AOD=\angle BOD$，$OC$是$\angle DOB$内射线，$\angle COE=\angle EOB$，$\angle AOC=30°$。

求：$\angle DOE$

解：$\angle DOE=\angle DOC+\angle COE$

$\qquad =\angle AOC-\angle AOD+\angle COE$

$\qquad =\angle AOC-\dfrac{1}{2}(\angle AOC+\angle COB)+\angle COE$

$\qquad =\dfrac{1}{2}\angle AOC$

$\qquad =15°$

图2-9

## 2. 提升

这章开始，我们会逐步接触几何计算和几何推理，下面我们来看看我们做过的一个题目，当时还留有思考题，本学期我也反复强调要做题后的再思考，我希望同学们能够通过思考有新发现。

题1：一直线上有4个点，以这些点为端点的线段有多少条？

思考：

（1）一直线上有5个点，以这些点为端点的线段有多少条？

（2）一直线上有$n$个点，以这些点为端点的线段有多少条？（图2-10）

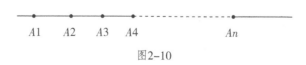

图2-10

（3）你是怎么考虑的？做法的关键是什么？

变式1：平面上$n$个点，以这些点为端点的线段有多少条？（图2-11）

**变式2**：$n$边形的对角线有多少条？

**变式3**：平面上$n$个点，最多可以确定多少条直线？

图2-11

**题2**：如图2-12所示，这里一共有多少个角？（这里的角是指小于等于$\angle A_1OA_n$的角）

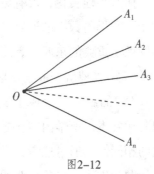

图2-12

**小结**：解决问题的关键是抓住问题的本质，也就是"是怎么定义的"。有一句经典语言：当我们遇到困难时，回到定义中去。

**思考题★**：图2-13中是一个由$3 \times 3$组成的大长方形（这里的长方形包括正方形在内），问图中共有多少个不完全重叠的长方形（包括正方形），如果是$5 \times 4$的正方形呢（图2-14），如果是$m \times n$的长方形呢？

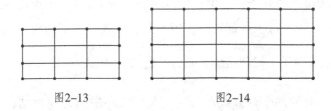

图2-13          图2-14

## 三、对该节复习课设计的说明

我用惯例"让学生看着目录回忆"的方式开始复习，具体上课时，我直接用PPT展示出目录，让学生回忆主要学习内容，老师根据学生的回答进一步完善，最后用PPT展示出结构图，这部分内容用时10分钟左右。"通过对已经学习的有关内容的复习、对问题解法的回忆，以及进一步深化探究，引导学生通过观察、猜测得到新的共同规律，从而进一步增强学生分析问题和解决问题的能力"，强调在回忆的基础上的进一步探究、进一步提升。最初回忆的两个题目是在新课教学时做过并详细评讲的题目，因为刚刚接触几何问题，这两个题目又有一定难度，新课时都做得不够好，新课评讲时更多的是分析了如何寻求结论和条件之间的桥梁，如何恰当地转化，没有更多的分析，但在题目设计时，我留下了伏笔，特别注意了字母与数字的设定，为复习课奠定了基础。果然，在复习课时，学生很快发现了重要的东西：表面上看，最关键的是将试题2中的角度符号和度数符号及字母O去掉就变成了试题1，解答里面的角度和度数符号和字母O全部去掉，试题2的解答就变成了试题1的解答。这种强烈的暗示作用，启发学生在复习时找到本章所学内容在方法论上的相同性，以及思考解决这些问题时思考方法的相同性，通过思考，学生会在表面相同的情况下发现本质的类似，发现解决问题的思维入口是如此的相同，为后续解题提供帮助，从而提升学生的数学解题能力。

提升部分仍然从做过的题目入手，试题1更多的是具体数，可以分类数，分类的方法也多种多样，思考（1）仍然是小变化，和题目1处理方法可以一样，思考（2）如果还是按照题目1的分类方法来做，会比较困难，迫使学生重新思考解决问题的方法，最后发现，用定义"线段是由两个端点唯一确定的"来解决最简单，从而得到解法：每个点可以和另外的（$n-1$）个点之一组成一条线段，共（$n-1$）条，每个点都这样，但每条线段被计算了两次，于是总线段有 $\frac{1}{2}n(n-1)$ 条。当学生发现这个本质后，变式1、变式2和变式3都迎刃而解了。

由于有前面的两个计算线段长度与角度大小的回忆与总结，学生对题目2的解答也是易如反掌的，实际上课中也是如此。我在具体上课时，发现最初两个做过的题目的规律和共同点花了8分钟左右，题目1到变式3结束也不到15分钟。可见，学生解决后续问题确实是势如破竹了，我通过复习课教会学生以不变应万变解题思路的目的达到了。

如果，复习课仅仅到变式2提升部分就结束了，我认为深化提高还不够，因为这里的深化提高更多停留在类比阶层；于是，我先设计了一个小结，在小结中把解决问题的突破口归结为"从定义出发"，于是又设计了一个难度较大的思考题。

这个题目大部分学生和部分教师首先想到的可能都是数，按照一定的分类方式来数，然后求和，当然如果按照一定的规律数，图2-13也没有问题：面积为1的正方形9个，面积为2的长方形6+6=12个，面积为3的长方形6个，面积为4的正方形4个，面积为6的长方形4个，面积为9的1个，共36个。但如果是图2-14，这个方法就不管用了，因为分类就分不出来。是不是就没有办法做了呢？我希望学生能够通过找到问题的本质来计算。

其实，如果我们注意到所有长方形的形成的本质在于都是由横、纵两个方向的线段组成的，正如坐标系中的点的坐标一样，当横纵坐标唯一确定时所对应的点也相应唯一确定了，是不是横纵两个方向的线段确定后所对应的长方形就唯一确定了？而这个问题的答案是显而易见的，这样问题就转化为数不同方向的线段数了，如图2-13，两个方向都有不同的线段6条，于是有长方形 $6 \times 6 = 36$ 个。

这样，图2-14就有各种不完全重叠的长方形150个。$m \times n$ 的长方形就可以

有 $\dfrac{m(m+1)}{2} \cdot \dfrac{n(n+1)}{2} = \dfrac{mn(m+1)(m+1)}{4}$ 个不完全重叠的长方形。这

里需要注意的是，长方形一个方向上的最多点是（$m+1$）而不是$m$，边上线段的

条数应该是 $\dfrac{m(m+1)}{2}$ ，而不是 $\dfrac{m(m-1)}{2}$ 。

正如我所预料，课堂上，部分学生5分钟之内就找到了理想的做法。可见，复习课是可以提升学生能力，甚至是可以大幅提升的。如果我们的教学设计恰当，复习课会让学生的能力有一个质的飞跃。

## 四、进一步思考

数学教学的本质是训练学生的思维能力，我在回忆学生做过的问题的基础上进行深化（提升部分试题1是做过的），最终发现这些问题的解决方法基本上一模一样，所以我让学生学会剥开问题的面纱，抓住数学问题的最核心的本质规律，如这节课的计数问题，希望学生能够抓住问题的本质：线段是由两个端点决定的，角度是由两条边决定的。由于是复习课，学生需要进一步提升，所以我在线段问题上就形成了一个问题串，且解决这个问题串的本质方法是一样的。

最近几年总有关于"高效课堂"的思考，我认为，这其实是关于教学价值的思考，教学价值是教学设计的灵魂。它所回答的问题就是为什么而教，也决定着教什么，如何教。数学复习课是一章节的收尾，即收官之作。因此，我觉得在新课时教师就要规划好什么时候讲什么，怎么讲，讲到什么程度。我们知道，我们要教给学生知识，知识是基础，任何目标的实现都离不开知识。爱因斯坦曾告诫我们，"当一个人忘掉了他在学校所接受的东西，剩下来的才是教育"。我认为对数学学科而言，学生剩下来的应该就是思想。因为思想是能力的核心，只有思想，才能把知识转化为能力。而更高层次的能力是应用意识和创新意识。毫无疑问，数学教学的主要任务是培养能力。其实，对教学的定位不同，境界不同，思考的问题也就不同。如果定位在知识，你不必考虑教什么，照本宣科就够了；也不必思考怎么教，把知识告诉学生，简单地罗列出本章知识就够了。但这样的复习总结课显然对学生没有吸引力，对听课教师而言也没有新意，当然也就没有收获，该节课也正是我申报评正高级教师的考察课，显然必须要有突破。仅仅定位在知识的教学，是最省事的教学，但也是低级层次的教学，这当然不是好的数学教学。如果定位在思想，你才会追问，知识是怎么来的？解决问题的方法是怎么想到的？此时，你才会去探究知识的来龙去脉，才需要去考虑过程尤其是深究思考的过程，而思想恰恰是蕴含在过程中的。如果定位在基本能力，你才会意识到，数学教学就是数学活动的教学．因为能力是不可"教"的，你不能把能力教给学生，能力是实践的结果，是在自主探究、亲身体验的经历中获得的。当你着眼于更高层次的能力时，你就不得不思考，如何让教学过程成为"再创造"的过程。所以，展示两个已经做过的题目让学生进一步思考时，我愿意留给学生足够多的时间思考，让他们去发现，尤其是让他们在发现现象后进一步体会现象背后的本质。所谓磨刀不误砍柴工，当学生真正理解方法从而提升能力后，后续问题的解决就非常快了，上课的事实也证明了我所想是正确的。我始终认为，复习课的教学就应该将章节知识与能力推向本章顶峰，希望我们的教育是真正高效的，也是为学生终身发展奠基的，从这个角度说，复习课的设计尤其重要，好的设计才能够真正起到收官之作的目的，好的复习课才能够称得上名副其实的本章节的压轴之作。

# "平行四边形及其性质"教学设计

## 一、教学内容

北京师范大学2013年版教材"平行四边形及其性质"。

## 二、教学目标

**知识与技能**：掌握平行四边形的性质并能够进行简单的应用。

**过程与方法**：通过对已经学习的有关判定和性质的回忆和类比，引导学生通过观察、猜测和论证得到平行四边形的性质，引导学生有条理地思考和表达自己的探索过程和结果，从而进一步增强学生分析、概括、表达能力，使学生能够顺利地得到平行四边形的性质及掌握其推导过程，并进行相关的计算和推理训练。

**情感态度与价值观**：让学生在类比猜测等数学活动中体验探索、交流、成功与提升的喜悦，激发学生学习数学的兴趣，进一步树立学生的学习自信心，培养学生大胆猜想、验证、推理的严谨科学态度。

## 三、教学重难点

**教学重点**：平行四边形的性质理解与应用。

**教学难点**：平行四边形的性质得出（猜出）。

## 四、教学过程

### （一）复习回顾，引入新课

回忆已经学习了的平行线的性质与判定，三角形全等的性质与判定以及它们的主要用途，最后归结到：性质主要用来进一步探讨有关线段或者角的关系。

回忆小学所学的平行四边形的定义。

**（二）探索发现**

探究1：引导学生说出平行四边形的性质实际上就是四边形里面的有关边与角之间的关系。

探究2：除了定义的边平行以外，边之间以及角之间还有些什么关系？

引导学生猜出性质：平行四边形的对边相等，平行四边形的对角相等。

（如果学生能够猜出其他的，如对角线互相平分也要对其充分肯定）

探究3：引导学生在猜测出性质的基础上进行证明，在学生说理的基础上，正确写出证明过程（如果学生能够上台书写就让学生书写，不能，则老师书写，目的在于让学生感受并养成这样的习惯）。这里需要讲清楚以下两个关键（学生在老师引导下完成）：

（1）对文字题目先理解清楚，然后画图转化为数学语言。

（2）写出正规的数学证明。

**（三）典型例题，师生互动**

教材P83例1。引导学生解答，注意一题多解。

**（四）巩固知识，拓展提高**

教材P84练习，如果时间充足则再练习教材P85习题5、6。学生讲解解答，老师点评。

**（五）谈收获**

请学生总结：知识和方法。

**（六）布置作业，强化理解**

教材P85习题1～4。

## 五、教学反思

对于本节课，我的想法是，让学生在回忆有关平行线以及三角形全等的性质和判断定理后，进一步指明判断和性质所涉及的内容，知道判断和性质分别是探讨什么的，进而猜出性质。在这个过程中特别注意引导学生养成"猜测—证明—定理"的正确思维习惯，同时，我还特别注意强调判定定理及性质定理的特点及作用，并注意它们的关系（它们在书写上刚好是颠倒的，此处只是体会互逆关系，不具体点破这种关系的名称）。

其实，对于数学课，学生的积极参与固然重要，但更重要的是围绕教学目的和教学目标精心设计活动，如果我们的课没有围绕教学目标，没有注意突出教学主题，那么一切活动都是价值不大的。也就是说，只有学生积极参与，而且是围绕教学目标开展的活动才是有效的。

# 记一次展示课的教学与思考

2016年3月25日，我应邀参加由浙江大学数学科学学院继续教育中心举办的第二十三届"中国名师大讲坛"全国初中数学特级教师教学展示研修活动。该活动旨在通过特级教师的课堂教学展示等活动，促进全国青年教师更快、更好地向高层次、高水平、高素质的名师成长。我所展示的"例谈如何寻求解题思路"的教学，是对教材上已经学过的定理的证明方法的再思考展开讨论，通过创设问题情境，达到训练学生数学思维能力的教学目的，期望对青年数学教师的教学有所启迪。

## 一、教学内容的确定及前期思考

基于这次活动的背景，我进行教学设计时着重考虑以下两点：①数学是思维的学科，要会解题，得先学会思考问题的方法，进而获得对具体题目的求解思路；②初中阶段重在培养学生的思维能力，青年教师应以教材为本，多用教材，用好教材，深挖教材，这对他们来说是获得专业提升的一种有效途径。由此，我联想到，在对"等腰三角形两底角相等"（以下简称"等边对等角"）和"直角三角形斜边上的中线等于斜边的一半"这两个定理进行教学时，觉得有许多值得再思考的地方，尤其是对定理的证明，大部分教师往往是沿用传统，而没有过多地去思考为什么要这样做和为什么可以这样做，这恰恰是培养学生数学思维的关键。我以为，教学时，教师应该设置恰当的问题情境，引导学生学会思考，用最简单的知识和方法解决复杂的问题。对这两个定理证明的进一步挖掘对学生解题思维的训练以及强化学生解题后的反思都大有好处。

## 二、教学过程及分析

### （一）复习回顾，引入新课

教师：请同学们回忆已经学习了的"等边对等角"是如何证明的。

（学生沉默1分钟，我迅速拿出准备好的一个纸质三角形硬纸片直接对折并提问。）

学生1：方法1，如图2-15所示，作底边上的中线$AD$，利用"SSS"得到$\triangle ABD \cong \triangle ACD$；方法2，作顶角$\angle A$角平分线$AD$，利用"SAS"得到$\triangle ABD \cong \triangle ACD$；方法3，作底边上的高$AD$，利用"HL"得到$\triangle ABD \cong \triangle ACD$。

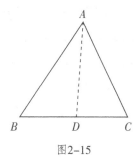

图2-15

教师：我们知道等腰三角形底边上三线合一，所以这三种辅助线虽然是同一条，但作法的表述不同，相应的解题方法也不一样。今天，老师给大家提个建议，同学们今后做完题目一定要抽时间来反思，怎么反思呢？就是用"两个为什么"——"为什么要这样做？""为什么可以这样做？"。前一个"为什么"是要我们明确待解决的问题是什么，明确我们的问题目标；后一个"为什么"是要我们思考做题的理论保证，就是什么定理保证了我们这样做的正确性，没有定义、公理或者定理的保证就不能得到确切的结论。

**教学说明：** "等边对等角"是初中阶段一个重要定理，现在大部分教材没有给出证明，而是直接让学生通过直观感受得出结论。大部分老师也会采用传统的证明方法进行讲解。考虑到不知道原来的老师是否讲解，当学生不能迅速回答时，我在课堂上创设情境，直接把纸片对折引导学生回忆，目的是节约时间，为强调"两个为什么"及后续讲解做好铺垫。

### （二）探索发现，深化提高

探究1：如何引辅助线？为什么要这样引辅助线？（作用、目的还是思维入口？）

（强化"两个为什么"。）

探究2：可不可以不引辅助线？你是如何想的？

教学过程：

学生2：我们的目标是要证明∠B=∠C，刚才对折发现∠B与∠C可以重合，而重合就得到了角相等，所以想到了这条辅助线。

教师：非常好，那么我们可不可以不引辅助线直接达到目的呢？

（学生思考一会儿后无人回答，我在课堂上反复将两个完全一样且两面颜色不一样的三角形纸板翻转重合来暗示学生。）

教师：我们的目的是要∠B与∠C重合，原来的做法是通过折叠将△ABC分成两个部分，通过三角形全等得到∠B=∠C，现在的问题是有没有不引辅助线的方法？

学生3：可以自身全等吗？

教师：说具体点。

学生3：如图2-16所示，在△ABC与△ACB中，有AB=AC、∠A=∠A、AC=AB，所以，可以由"SAS"判断△ABC与△ACB全等。

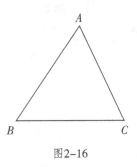

图2-16

教师：△ABC≌△ACB（SAS）？这样做可以吗？请同学们结合"两个为什么"来思考一下。

学生4：应该可以，我们的目的是通过∠B与∠C重合，来证明他们相等，这样翻折△ABC后，利用三角形的判定定理可以达成这个目的。

教师：对的，你们都做得太漂亮了。

**教学说明**：在学生回忆的基础上，我设计了进一步的追问，目的是让学生从回忆有关学习过的常见结论出发，引导学生再思考。"为什么要这样做"的目的在于证明角度相等，需要把两个底角重合；"为什么可以这样做"是因为三角形全等的判定定理"SAS"只强调两个三角形的边角应该满足的条件，把这个三角形看成两个三角形△ABC和△ACB，从理论上说是没有问题的。提问可否不需要辅助线，是希望学生能够想到通过△ABC≌△ACB（SAS）求证，"两个为什么"使学生感受寻求解题思路的真实过程。

**（三）典型例题、师生互动**

例1：直角三角形斜边上的中线等于斜边的一半是如何证明的？

探究：如果不用后续知识（三角形全等以及四边形等知识），能否证明？

（在共同回忆有关做法后，学生回答了多种做法，都利用了矩形的有关知识。）

教师：请同学们思考，能否不用四边形有关知识来证明"直角三角形斜边上的中线等于斜边的一半"这个结论。注意结合刚才的"两个为什么"。

（过了一会儿，学生们还是沉默不语。）

教师：我们的目的是证明CD=BD，但始终找不到转换的条件，要达到这样的目的，我们要么需要有∠B=∠BCD，要么找到两个全等三角形，使CD与BD是对应边，现在我们还没有办法得到这样的结论，请同学们变换角度思考，如果结论成立，能够得到什么样的边或角的关系？具体点说，如图2-17所示，在△ACB中，由AD=DB=DC能够得到什么结论？

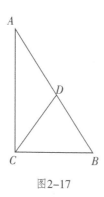

图2-17

学生5：可以得到∠BCD=∠B，∠ACD=∠A。

教师：但是，如何得到这两对角相等呢？

学生5：老师，可以用"作一个角等于已知角"，如图2-18所示，作∠BCE=∠B，交AB于E，于是有∠ACE=∠A，由等角对等边等到AE=CE=BE，从而*E*是*AB*中点，得到*E*就是*D*，结论得证。

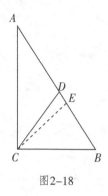

图2-18

教师：非常好！我们再回忆一下这个同学的解题过程，为了达到证明*AD*=*BD*=*CD*的目的，始终找不到恰当的转换方式，于是，我们采用假设结论成立，倒推到其余的边或角的关系，然后通过这样的线索寻求到解题思路的突破口。

学生6：老师，还可以作*CE*=*BE*来证明。

教师：具体如何作？

学生6：作*BC*的垂直平分线，交*AB*于*E*，连接*CE*，由垂直平分线的性质得到*CE*=*BE*，然后证明E与D重合。

教师：非常好，请同学们结合"两个为什么"来梳理这位同学的思路。

**教学说明**：定理"直角三角形斜边上的中线等于斜边的一半"，往往是在学习了四边形有关知识后才提出来的，传统的证明基本上都离不开矩形的知识，实际教学时，大部分老师喜欢在三角形部分就讲解这个定理，一般有两种处理办法，一种是不讲证明直接用，一种是用了后续的矩形知识来证明。这两种办法显然都不理想，有没有更好的办法呢？我在教学通过对以上探索问题的讲解，引导学生用分析法，采用假设结论成立，进而倒推边角关系来寻求解题思路，考虑到分析法并不是现在初中生要掌握的，教学时，我始终都不提分析法的概念，只是向学生渗透分析法解决问题的思想，让学生在做和用中感受有关思想方法。其实，结合我提出的"两个为什么"，大部分几何题目用分析法的思想来分析，都能够快捷地找到解决办法。

例2：已知，如图2-19所示，$AC$与$BD$交于$E$，$AB // EF // CD$。求证：$\dfrac{1}{AB} +$

$\dfrac{1}{CD} = \dfrac{1}{EF}$。

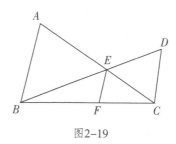

图2-19

（类比分数运算，需要通分，于是需要转化，找到思维入口。）

题目展示后学生说做过。

教师：既然做过，就请同学们回忆是怎么做的？

学生7：是把结论变成先证明$\dfrac{EF}{AB} + \dfrac{EF}{CD} = 1$。

教师：如何证明的呢？

学生7：显然，$\triangle ABC \backsim \triangle EFC$，得到，$\dfrac{EF}{AB} = \dfrac{CF}{BC}$，同理可得，$\dfrac{EF}{CD} = \dfrac{CF}{BC}$，

所以：$\dfrac{EF}{AB} + \dfrac{EF}{CD} = \dfrac{CF}{BC} + \dfrac{CF}{BC} = 1$。

教师：非常好，掌声！需要提醒同学们注意的是，这也是先假设结论能够成立，在此基础上将所求结论进行转化。我们再结合"两个为什么"来厘清证法的突破过程：已知有平行线，则有线段成比例，而由结论直观看没有线段的比，当我们假设结论成立进行倒推时，发现原结论等价于$\dfrac{EF}{AB} + \dfrac{EF}{CD} = 1$，

而这里就有线段的比的关系了，此时，需要证明的等式左边类似异分母的分式运算，右边是一个数字，自然就要考虑将"通分"变成同分母实现能够加的目的，而平行线分线段成比例刚好可以实现转化比例。"为什么要这样做"，是为了使运算进行下去，实现条件和结论的转化；"为什么可以这样做"，是因

为等式性质、分式运算法则以及平行线分线段成比例定理做保证。

**教学说明：**虽然学生说已经做过，但我还是结合"两个为什么"，帮学生进一步分析总结了一下具体的思路，目的是强化学生的这种解题思路。

**（四）巩固方法、拓展提高**

练习：已知，如图2-20所示，在△ABC中∠A：∠B：∠C=1：2：4。求证：$\dfrac{1}{AB}+\dfrac{1}{AC}=\dfrac{1}{BC}$。

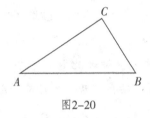

图2-20

教师：这个题目有点难度，请同学们看看能否解决，根据条件或者结论，看看能否发现什么有价值的信息，启发我们思考。

学生8：从∠A：∠B：∠C=1：2：4，知道∠B是∠A的两倍，如果是外角就好办了。

教师：想法很好，你有没有办法转化∠B或者∠A，使它们这种两倍关系正好是一个角是另外一个角的外角呢？

学生9：在AB上找一点D，使CD=CB，从而∠CDB=∠B，可以实现这样的转化。

学生10：7倍∠A是180°，说明角度不是特殊角，但估计7倍应该有用。

教师：你觉得该怎么用呢？继续思考。

学生11：我是想构造和例2类似的图形，如图2-21所示，以C为圆心，CB为半径画弧，交AB于D，得到CD=CB，作AE//CD交BC的延长线于E，作BF//CD交AC的延长线于F。由∠CDB=∠CBD=2∠CAD得，∠CAD=∠ACD=∠F，所以AB=BF，∠E=∠DCB=3∠CAD=∠FCB=∠ECA，所以，AE=AC，现在，图形就和例2完全一样了，证明的结论本质上也和例2一样了。

77

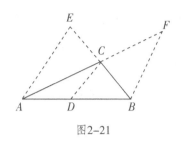

图2-21

教师：这个同学通过引辅助线把本题巧妙地转化为和例2一样的图形，从而使问题迎刃而解，做得非常好。

**教学说明：**此题难度较大，设计此题有两个目的。一个是检验学生的问题解决能力是否有提高，能否结合"两个为什么"顺利解决此题；二是做两手准备，如果前面问题解决顺利，时间充足，此问题就课堂解决，否则就课外解决，为能够按时下课或不至于剩太多时间而灵活处理。例2所花时间非常少，考虑到距下课还有较长时间，所以决定让学生课堂上解决这个难题，看看学生对所教方法的掌握程度，还考虑到重点是看学生如何想，所以，最初要求学生有想法就起来说，而不是做出了答案才说，结果得到了满意的解法。

**（五）反思总结，提炼收获**

在学生总结的基础上强调，做题后多思考两个为什么：为什么要这样做？为什么可以这样做？这对提高解题能力大有帮助。

**（六）布置作业，强化理解**

（略）

# 三、课后反思

## （一）课堂教学不能够死板地按照预设进行

课堂是千变万化的，教师应该在总体目标不变的情况下，对课堂进行框架性的设计，不能太细化，不能做太单一的预设，更不能强行按照预设的思路死板地进行下去。教师必须注意课堂中学生的实际情况，尤其是借班上课，教师对学生的基础知识掌握情况、思维能力水平以及课堂参与习惯都不清楚，随机应变显得尤其重要。本节课上我发现学生情况没有预料的好，于是迅速将原来计划让学生回忆变成了我讲解后让学生判断，这样既节约了时间又让学生感知了问题的解决过程，降低了最初设计的难度，最后学生能够在课堂上顺利解决更难的原计划的练习题，同样达到了提高学生解题能力的目的。

**（二）善于多角度挖掘教材经典问题的作用**

我认为，一节优质课必须要有突出的中心，这是教学设计时必须考虑清楚的关键问题。我把课题名称设定为"例谈如何寻求解题思路"，是想通过设置对定理再思考的问题情境，在引导学生解决问题的过程中，帮助学生学会分析题目的条件和结论。我始终认为，深挖教材经典问题的教学功能，对学生能力的提高往往能够达到事半功倍的效果。解题思路一定是在认真分析题目的条件或者结论的关系后寻找到的，找到了它们之间的关系，就找到了解法的突破口，而分析法的执果索因往往利于我们找到这种因果关系，实际实施时也没有必要告诉学生这叫分析法。带着"两个为什么"进行再思考，能够让学生的思维更加深入和严密。

# 3

第三章

# 精选课题
# 为教育

# 课题"发现式教学法在初中数学教学中的实践探索"立项报告（节选）

## 一、课题提出背景

党的十八大提出"努力办好人民满意的教育"，更加关注教育质量，坚持以提高教育质量为核心，努力促进学生全面发展，聚焦课程改革和课堂教学，着力提高人才培养水平；更加关注改革创新，围绕科技、经济和社会发展的重大需求，完善部市校协同创新机制，加强重点学科、交叉学科建设；更加关注终身学习，党的十八大再次提出完善终身教育体系的任务。发现式教学法在国内研究已经很多，我们是想在我校初中部实实在在地做大面积的实践研究。

新课程的核心理念——"一切为了每一位学生的发展"在教学中的具体体现，它意味着：

第一，关注每一位学生。每一位学生都是生动活泼的人、发展的人、有尊严的人。在教师的课堂教学理念中，包括每一位学生在内的全班所有学生都是教师应该关注的对象，关注的实质是尊重、关心、牵挂，关注本身就是最好的教育。

第二，关注学生的情绪生活和情感体验。孔子曾说："知之者不如好之者，好之者不如乐之者。"教学过程应该成为学生一种愉悦的情绪生活和积极的情感体验。学生在课堂上是兴高采烈还是冷漠呆滞，是其乐融融还是愁眉苦脸？伴随着学科知识的获得，学生对学科学习的态度是越来越积极还是越来越消极？学生对学科学习的信心是越来越强还是越来越弱？这一切必须被我们教师所关注，这种关注同时还要求我们教师必须用"心"施教，不能做学科体系的传声筒。用"心"施教体现着教师对本职工作的热爱，对学生的关切，体现着教师热切的情感。

第三，关注学生的道德生活和人格养成。课堂不仅是传递学科知识的殿堂，更是养育人性的圣殿。课堂教学潜藏着丰富的道德因素，"教学永远具有教育性"，这是教学活动的一条基本规律。教师不仅要充分挖掘教学中的各种道德因素，还要积极关注和引导学生在教学活动中的各种道德表现和道德发展，从而使教学过程成为学生一种高尚的道德生活和丰富的人生体验。这样，学生学科知识增长的过程也就成为其人格的健全与发展过程，伴随着学科知识的获得，学生变得越来越有爱心，越来越有同情心，越来越有责任感，越来越有教养。

关于发现式教学，学界已经有很多成熟的理论和实践操作实例，我们只希望通过大面积的实践研究，寻求一种适合我校实际的教学方式，因为我们所处的深圳经济特区的孩子和其他地区的孩子是不完全一样的，他们有不同的个性和特点，往往也传承了父辈敢闯敢干的精神。我们希望通过不懈的努力，为深圳经济特区的发展和建设培养一些优秀的人才。

"发现式教学"正是基于上述观点，在教学中鼓励学生、尊重学生，让学生大胆创新。

## 二、国内外研究现状述评

1916年杜威（John Dewey）发表了他最著名的教育哲学著作《民主主义与教育》。在这本书中，杜威从理论上论证了科学探究的必要性，概括出科学探究的五个步骤，并以此为基础创立了"问题教学法"。杜威的教育思想深刻地影响着20世纪上半叶美国的教育理论与教育实践。依据他的"做中学"教育原则和"问题教学法"等理论，出现了一批改革实验。

英国伦敦大学迁尔喜学院亚瑟·莫里斯·路卡斯（Arthur Maurice Lucas）教授曾着重研究了探索式教学。他指出，运用探索式教学的目的是培养学生像科学家那样去思考问题、分析问题，使他们学会用科学的思维方法进行科学实验的本领。此教学模式产生了较大的影响。

加涅（R. M. Gagne）曾着重研究有效教学策略，他认为有效教学策略包括管理策略和指导策略。管理策略有：①抓好良好开端的策略；②教学常规管理策略；③强化策略；④用有效方法检查家庭作业的策略。指导策略有：①讲课力求清晰明白的策略；②反馈策略；③复习必要知识的策略。

近年来，我国许多地方的许多学校对探究能力培养做了一些理论与实践研究。华东师范大学教科研究所经过几年的努力，构建了"引导—探究"的教学模式，它以解决问题为中心，注重学生独立钻研，着眼于培养创造性思维的教学模式。该教学模式引导学生通过"发现问题、提出问题、分析问题（提出假设）、创造性地解决问题等"步骤掌握知识，培养学生的创新精神和创造能力，取得了可喜的成果。

国内外对学生探究能力的培养和对有效教学策略的研究为我们提供了非常宝贵的借鉴。现代教育已意识到了教育的发展必须从科学思维发展过程中汲取营养，需要按照科学思维的模式改进老师的教和学生的学，需要按照科学的认知心理的特征培养学生。从本质上讲，本课题的研究与国内外既有的研究是一脉相通的，因为，这些研究的根本目的都是培养具有创造性的人。可以说，本课题是国内外既有研究的继承与发展，是把有关理论大面积实施的实践，所以，本课题与它们又有所不同。

## 三、本课题研究的主要内容

**（一）核心概念**

发现学习：本质是"再发现"，不是新发现。

发现式教学法程序：关键是设置恰当情景实施再发现，原则上不能预习。

**（二）研究目标**

本课题研究我校初中七、八、九三个年级学生。

**（三）研究内容**

（1）发现式教学课堂的兴趣激发策略研究，通过实验或者操作实施发现式教学。

（2）在概念和定理教学中实施发现式教学。

（3）在整理知识或解题后的反思中实施发现式教学。我们知道，数学解题教学中应强调学生的反思，在反思中学生更容易提高解题能力，这种能力已经超越了单纯的解题。

（4）在复习课中实施发现式教学。并不是复习课就不好实施发现式教学，有时复习课或者习题课用发现式教学可能更有用，因为在知识与能力综合后，新的东西更容易被发现。

## 四、研究思路、技术路线和重要观点

### （一）研究思路，技术路线

研究思路流程如图3-1所示。

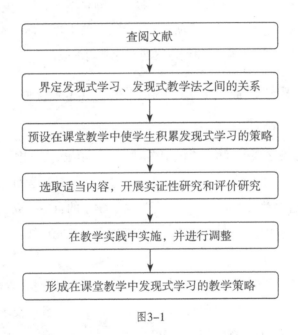

图3-1

### （二）重要观点

关于课堂教学，学界已经有很多成熟的理论和实践操作方法，我们希望，通过探索寻求一种更适合我校学生特点的教学方式。

教育一定要和时代契合。在这个信息时代，人才应有一定的接收、分析、合成、传递、加工、应用信息的能力，知识的记忆是暂时的，思考的能力和思想的获得却是永在的。我们所处的时代对人才提出的要求，强调了数学学习的重要性，强化了每一个数学教师的责任。

在现代教育理论指导下，本课题力求实现将先进的教育思想转化为教师的教育观念和教育行为。新的课堂改革和教学改革要求数学教学从传统的"传授知识"的模式，更多地转变到"以激励学习为特征，以学生可持续发展为中心"的实践模式。

我们一直在思考，该如何构建有效、创新的数学课堂，使课堂回归思维的本性，使我们的课堂要求自然且切实可行，焕发它本该有的生命活力，使它培养出来的学生既高分又高能。我们认为不仅仅是课本知识点的学习和巩固，更是师生共同去发现新的挑战和问题，发现新的办法，解决新的问题，课堂应该是生动的，是探究的，是互动的，是符合学生的思维发展规律的。只有把学生多样的、全面的、主动的发展作为我们教学活动的主要目标，才能突破机械、沉闷的传统教学形式，让智慧和创造之花在课堂内绽放。

## 五、依托理论、研究方法、研究阶段和实施步骤

### （一）依托理论

发现式教学法主要的理论依据是认知建构主义学派的建构原理与顿悟学说。

发现法作为一种教学方式，无论是教学过程，还是教学目标，更多关注的是学生的学。这种意义下的"发现学习"，以学生的自主探究、合作学习为主要特征，学习过程中，学生在原有的认知基础上，其元认知、动机、行为都能得到积极有效的参与。

以弗拉维尔为代表的认知建构主义学派认为，主动建构学习实际上就是元认知监控的学习，是学生根据自己的学习能力、学习任务的要求，积极主动地调整学习策略和努力程度的过程。所以，发现法作为一种学习方式，其本质正是学生在原有认知基础上的主动建构。

认知建构主义学派还认为，学习是一个认知过程，这个过程不是盲目的尝试与试误，而是突然的"顿悟"。人们从实践中认识到：试误与顿悟是学习中互补的两个过程，常常是穿插进行的。一般来说，在数学学习中掌握数学技巧、试解习题等常以试误的形式出现，而对数学概念的理解及创造性地探索问题则多表现为顿悟。因此，发现式教学法否定通过大量练习与强化形式形成反应习惯，提倡主动地在人脑内部构造认知结构。

**（二）研究方法**

本课题将在自然学习环境下，以行动研究法为主，辅以文献分析法、调查法、案例研究法、观察法、经验总结法。

**1. 行动研究法**

我们的研究将始终聚焦课堂教学，关注教学设计、课堂组织、评价等各环节，力求在操作层面解决理念的落实和学生数学创新能力发展的问题。

**2. 文献分析法**

研究过程始终以理论为先导，不断收集、鉴别、整理文献，发现问题、寻找研究方向。

**3. 调查法**

在课题研究过程中，通过调查问卷和口头调查等方法，根据课题研究的要求，设计问卷对学生进行调查，有效收集资料并对其进行分析处理，为研究提供决策参考。

**4. 案例研究法**

在平时的研究中，不断实践、总结、反思、再实践，积累典型案例，包括课堂教学设计、小小数学实验报告和学生成长个案。

**5. 观察法**

通过观察学生实际，进行细致深入的分析，及时得到学生的反馈信息，及时修改、调整研究方案。

**6. 经验总结法**

在研究中不断总结已有经验，及时修正研究中出现的问题，修正研究方案，深入开展课题研究，将感性认识阶段的经验上升到理性认识阶段，并指导课题研究。

**（三）研究阶段和实施步骤**

**1. 课题立项阶段（2014年11—12月）**

通过研究资料，明确研究的基本方法，研究的重点、难点和研究的途径，组织研究力量，制定课题方案。

**2. 课题实施阶段（2015年1—12月）**

根据研究方案，分解研究目标和研究内容，明确研究职责，实施各种研究策略，及时收集研究的动向和资料，反思研究过程和成果，进一步改进研究方案，完善研究内容；同时，对研究的途径和方法及时进行分析，提炼实施研究的有效性，进行阶段性成果总结。

**3. 研究结题阶段（2016年1—5月）**

汇总研究成果，完成本课题的结题报告及相关的附件整理（案例、论文、实录、活动报告、调查反馈表、配套同步练习册等）。

## 六、预期成果

最后形成研究报告、论文集和示范课录像及课件。

# 课题"发现式教学法在初中数学教学中的实践探索"结题报告（节选）

结题报告比较长，其中前面部分有些和申报类似，为了节约篇幅，这里节选部分内容刊登，目的在于让读者知道，我们做了什么，在做的过程中有什么收获、感想或者体会。

结题成果鉴定要点：

## 一、主要观点

我们认识到，教学方法并无绝对的好坏，我们将围绕培养学生数学的双基，重视学生的自主学习、独立创造、个性发展展开。这些问题的关键在于在合适的时机选择合适的方法，这就形成教学策略的问题。本课题选择教学策略的问题来研究，一是想在理论与实践的结合点上，紧紧抓住课堂教学的现状和要解决的问题展开研究；二是把对话策略作为我们的核心策略，进而多角度探讨中学数学教学的诸多有效策略。

在研究过程中，师生水平能共同提高，学生爱学乐学，教师在不断反思自己的教学行为后形成教学智慧，这对今后的教学有很大的帮助；同时若能很好地发挥名师工作室的引领、辐射作用，将提高参与课题研究的老师所在学校数学课堂的教学效果，进一步推进新课程改革的顺利进行，对学生终身可持续发展具有重要的意义。

## 二、建议与反思

第一，在实施发现式教学法的过程中，我们觉得对学生自主学习能力的培养尤其重要，因为学生如果没有自主学习的习惯，在面对一些思考性问题、自我探索性问题时，不会主动学习；如果老师再失察，那么，他们的学习情况会更差。

第二，课堂教学不能死板地按照预设进行。每每看到许多老师不能及时调整思路，让课堂变得像老牛拖破车一样艰难，我总感觉非常惋惜，这无非是他们固执地要把准备好的内容死板地上完所致。而实施发现式教学时我们没有办法准确预设课堂情况，所以老师的随机应变能力尤其重要。

第三，要善于捕捉课堂闪光点激励学生。学生的思维本身是活跃的，老师最重要的就是要通过恰当的方式激发学生学习数学的激情，挖掘学生潜能，点燃他们思维的火花；要善于捕捉课堂闪光点激励学生，善于从中发现值得肯定和鼓励的地方；在课堂上恰当甚至略有夸张的表扬对树立学生的自信心和激励、提高学生对数学学科的热爱都至关重要。学生的发现大部分本质上只是再发现，因此老师一定要善于针对学生实际进行恰当的鼓励，以刺激学生进一步发现的积极性。

教师的体会节选如下：

向伟（深圳市高级中学教师、深圳市中青年骨干教师）：有幸参加了由特级教师，广东省名师工作室主持人冯大学校长主持的课题研究——"发现式教学法在初中数学教学中的实践探索"，什么是发现式教学法？发现式教学法的程序是由铺垫设疑、探索发现、讨论总结、实践应用四个环节组成。下面我就对参与"发现式教学法"课题研究的过程谈谈自己的心得体会。

从2012年9月开始，我任教的班级是学校第一次从初一分成的两个重点班，重点班的学生的基础普遍较好，传统的教学方法不能满足学生的求知欲望，如果没有处理好，无法激起学生兴趣，那么课堂的效率将是非常低效的。如何来激起学生的求知欲望，也是教学中比较难的问题。正好，有一次我和冯校长进行交流，他要进行"发现式教学法"的课题研究，我很有兴趣地加入课题组，与课题组成员进行充分交流，并得到冯校长的指点后，我在任教的班级实施"发现式教学法"的程序。我是怎么操作的呢？

对于课堂教学内容，我会以教材为基础，在教材的基础上进行教学设计，对教材出现的问题，我让学生进行课堂思考、课堂阐述，由学生来讲述他们对问题的理解，我进行适当的引导。课堂上，教师要敢于放手，对学生回答正确的问题要及时地追问"为什么"，对学生回答错误的问题要让学生说出自己的思维，以此改变学生的思考方式，加深学生思考的深度。其实，很多学生的思维很好，如果把他所说的错误——这个非常好的资源置之不理或者忽略，对于学生思维的拓展而言，是个巨大的损失。在学生学新知识时，让学生先说出这节知识是在哪些已学内容的基础上的延伸，当时是用什么方法进行学习的，在这个过程中，学生在这个基础上进行类比，逐渐把新知识的目标，所学知识的重点、难点阐述出来，逐渐地发现新旧知识的相同和不同，逐渐地加深理解。教师最重要的任务就是帮助学生。学生应当尽可能多地获得独立思考的经验。但是如果让学生独自面对问题而得不到任何帮助或者帮助得不够，那么学生很可能没有进步。但若教师对学生帮助过多，那么学生却又无事可干。教师对学生的帮助应当不多不少，恰使学生有一个合理的工作量。如果学生不太能够独立学习，那么教师也至少应当使他感觉自己是在独立学习。为了做到这一点，教师应当考虑周到、不明显地帮助学生。教师应当了解学生情况，应当弄清学生正在想什么，并且提出一个学生自己可能会产生的问题，或者指出一个学生自己可能会想出来的步骤。这也是"发现式教学方法"的核心。

在试题讲解中，"发现式教学法"的作用同样不可小觑。怎么操作呢？审题是关键，教师要让学生说出题目中的已知条件和要求的结论，并指出所隐含的信息与结论的关系，然后让学生思考，这道题目以前在哪里见过。现在要解答的题目和以前见过的有什么联系和区别，当时是如何解答的，现在是在当时解答的基础上进行怎样的变化。这样做的目的，其实就是把难度水平降低，有了以前的方法，相当于搭了台阶，用的思维方式和在数学中的降次思维方式如出一辙。反思是我教学中最重要的一环，解题的价值不是答案本身，而在于弄清"是怎样想到这个解法的""是什么促使你这样想、这样做的"。这就是说，解题过程还是一个思维过程，是一个把知识与问题联系起来思考、分析、探索的过程。学生在反思中，也会了解自己方法的优劣，也会对自己的思维有重新的认识。学生在慢过程中发现自己的思维过程，也是"发现式教学法"的重要环节。

实践了三年的"发现式教学法"，两个重点班学生的学习压力不大，数学每天的练习也比较少，没有题海战术。学生在学一个内容、做一道题的同时都会了解并掌握其数学本质，数学思想方法得到了有效提高。在2015年中考中，我任教的两个班级的数学平均分为97.87分，其中A+人数为78人（两个班学生共100人），A人数100人；在2016年，我中途接新班，只教了一年，这个班级前面换了三个数学老师。在这种情况下，经过三个月的磨合，学生也逐渐喜欢上了数学，利用"发现式教学法"的教学，学生在后面的中考中，数学平均分为96.23分，其中A+人数为65人（两个班总的学生98人，中考时有2人未参加），A人数98人。在整个教学的过程中，我也积极反思，并撰写论文。论文《"数轴分析法"解决动态面积问题》在《中学数学教学参考》2016年第4期上发表；《最值问题》在《中学数学教学参考》2017年第1—2合期中发表；和林日福老师合编的《中考数学专题复习金典》也由西南大学出版社出版。

路漫漫其修远兮，吾将上下而求索。"发现式教学法"对我的教育教学产生了很积极的影响，在以后的教育教学中，我将继续努力，不断地研究、探索，以实现自我的教育价值。

# "不预习下的发现式教学法的实践与探索"
# 成果报告

## 一、问题的提出

### （一）是促进学生主动探索、发现问题的有效途径

不预习下的初中数学发现式教学法，即在新课授课前不准学生预习，教师在课堂上更多地关注学生的思维活动，更多地带领学生思考，创设情境让学生发现问题、发现结论。传统的教学方式，虽然让学生提前预习，但学生往往不能够按照教师的要求去完成，而且预习使学生上课时已知教学内容，没有新鲜感，反而影响了教学新异情境的创设，不利于学生的问题提出，也影响了学生主动探索和发现的欲望，抑制了学生思维活动的展开。

### （二）是推动教师真正实施发现式教学法和提升专业发展的必然条件

不预习下的初中数学发现式教学法能激发学生的学习兴趣，培养学生自主思考的良好习惯和善于探索创新的思维品质，发展学生的综合素质和能力。教师在教学过程中如何真正实施发现式教学法？如何充分调动学生的高级心理活动？这需要教师的循循善诱，为探索和建构新知营造一个良好的思维情境。教师在实施过程中，唤起学生的好奇心和求知欲，进而开启学生积极的思维活动，从而真正实现发现式教学，进一步提升自身专业发展。

### （三）是实现"减负提质"的现实需求

传统的许多教学方法，比如"学案教学法"以及"题海战术"等往往限制了学生思维的发展，抑制了学生创新思维的呈现。要想在课堂上真正调动学生思维，让学生乐于思考、善于思考，主动构建知识体系，教师必须给学生足够的时间和空间。尤其是现在"双减"政策的出台，对学生总体学习时间制定了

严格要求，课业被动学习时间被严格控制。

**（四）不预习下的初中数学发现式教学法是新课程改革的需求**

初中《义务教育数学课程标准（2021版）》指出："教学中，应鼓励学生积极参与教学活动，包括思维的参与和行为的参与。既要有教师的讲授和指导，也要有学生的自主探索与合作交流。教师要创设适当的问题情境，鼓励学生发现数学的规律和解决问题的途径，使他们经历知识形成的过程。"这就要求数学教师必须转变教学观念，更新教学手段，精心设计好每一节课，给学生创造一种能主动探究问题、主动获取知识的宽松、和谐的学习氛围和学习环境。"发现式教学法"正好体现了这种需求。让学生在接受的过程中多思考，在发现的过程中多参与，就能达到教与学的和谐统一，新一轮课程改革中强调"课堂革命""不预习下的发现式教学法"正好是一个有效的破解途径。

## 二、解决问题的过程与方法

### （一）解决问题的过程

**第一阶段：理念破冰阶段（1993—1999年）**

根据《义务教育数学课程标准》的要求，结合初中阶段学生心理发展的特点，基于美国心理学家和教育学家布鲁纳提出的"用自己的头脑亲自获得知识的一切形式"发现式教学，确立了以基于不预习下的发现式教学理念为导引，进一步厘清了发现式教学法的内涵。课堂教学下的发现学习不局限于对未知世界的发现，更重要的是引导学生凭借自己的力量对人类文化知识的"再发现"，引导学生从所见事物的表面现象去探索具有规律性的潜在结构的一种学习途径。基于此，初步构建了初中数学发现式教学法的内涵，树立了不预习下的初中数学发现式教学法的教育理念。我们有针对性地制定教学方案，进一步细化不预习下的初中数学发现式教学探索与实践方案，并邀请相关专家、一线教师和教研员对教学计划和实施计划进行初步论证，得到89.5%的认可度。较高的认可度极大地增强了我们开展不预习下的初中数学发现式教学法的信心。

**第二阶段：资源建设阶段（2000—2015年）**

（1）课题引领促进教学

不预习下的初中数学发现式教学法开始在西南大学附属中学小范围实践，依托所教班级的初中数学课堂，真正扎根课堂，将不预习下的初中数学发现式教学落地。在树立的不预习下的初中数学发现式教学法的教育理念和教学探索实践方案的基础上，主持深圳市教育科学规划重大招标课题"发现式教学法在初中数学教学中的实践探索"，以课题引领，进一步促进教学的实践与探索。

（2）组建省名师工作室团队

不预习下的初中数学发现式教学法主要由一支理念先进、业务精良、创新意识强、管理实践力强，在全国有一定影响力和辐射力的精品团队实践，形成了"省—市—区—校"有梯度、有创新精神、可持续发展的共同体。依托广东省教学工作室，并发挥工作室的辐射作用，不断研究不预习下的初中数学发现式教学法的实践方案，经教学法的实践方案引入初中数学课堂，经过长期不懈的努力，进一步深化了不预习下的初中数学发现式教学法的内涵，受到广东省教育厅、教研机构、部分中学及高校的关注，使得省名师工作室团队更加完善，也进一步细化了省名师工作室团队的培养和发展机制，促进了教师自身专业的快速发展。

（3）精致课程，构建全面培养体系

将"人文和科创教育"作为办学双特色，构建"国家课程、拓展课程、特色课程"相结合的"三层N向"课程体系，既注重全面发展的核心素养又充分发挥学生的兴趣与特长。依托冯大学省名师工作室，组织研究国家课程的新课标、新教材和新教法实施落地的教科项目，针对学生的学习可能和学习需要，实施弹性化的走班制、分层化的导师制、立体化的育人制，精准提供培养学科思维品质发展的辅助措施。

**第三阶段：实践探索阶段（2016—2017年）**

（1）教师专业素养的提升

连续三届主持广东省数学名师工作室，致力于运用教育教学新理论改造数学课堂教学，探索数学学科"不预习下的发现式教学"。

指导深圳市高级中学向伟老师参加首届广东省中小学青年教师教学能力大赛决赛获得一等奖（第1名）；指导王振鑫、袁朝川、姚慧玲等多位老师参加全国或省级课堂教学等技能比赛获得特等奖和一等奖；指导成员孔进、魏遵鑫等成为特级教师，学员陈娟、何小华等30人在专业上得到快速成长，成为所在单位数学教学或行政管理的骨干力量。

（2）探索拔尖创新人才培养途径

为探索拔尖创新人才培养途径，将不预习下的初中数学发现式教学应用到学生创新发展培养中，创建学生发展指导中心，形成了"大师引领、名师指导、国际合作、个性化培养"的模式。六大中心依托清华北大教授和新秀教师资源，立足于学生的实际需要开展指导，培养新时代中学生。强基计划课程中心，建立"优才计划"培养体系；创客中心，开展针对"核心能力课程培养体系"的创客教育；生涯发展指导中心，以"培养学生为自己的将来负责"为目标；思维培养中心，培养"爱思考、常思考、会思考"的南外人；写作与沟通训练中心，提高学生的写作表达能力、沟通交流能力；国际教育中心，以"世界观、民族情、中国心"为原则，培养学生在全球顶尖高校学习必备的全球合作与竞争的良好素养。

（3）打造培育实践基地

紧紧围绕立德树人的根本任务，申报新课程新教材国家级实验学校，推行不预习下的初中数学发现式教学改革。建设学段全覆盖的名校长办学纪实"精品案例"资源库，充分利用新技术新模式，发挥智慧教育优势，完善校长持续学习课程体系，助力建设"双区"学习型示范名校长工作室，建设多元化的研修学习活动场所和实践基地。首创以"导师制与优才计划"为载体的育人机制，制定"评价设计，德育配套"的学生四级自主管理体系，配套作业"二次选择"的个性化评价体系，全方位打破统一评价标准的陈旧模式，极大地培养了学生对自己选择负责的能力。

（4）推广共享资源，搭建教学平台

笔者2017年出版论著《不预习下的发现式教学法的实践与探索》，参加教育部、省市级教学优质说课大赛获得一等奖十余次，承担各级名校长、骨干教师学习团的指导任务，开展讲学活动三十余次，辐射十余个省份。参与和主持深圳市中考数学调研考试命题和分析评价。

积极响应省区市教育局号召，组织工作室成员积极开展在线教学，工作室组织统一在线培训，搭建了在线教学平台。工作室还联合市内各级别工作室进行在线公益活动——初中数学名师工作室联合公益活动，10次直播，5万次的在线点击播放，更好地服务初三中考学生。工作室成员共录制微课超过400节，课例被省市区级空中课堂收录。冯大学省名师工作室联合组织了中考数学模拟试题命制的公益活动，从试题命制的要求，到双向细目表的设置，到试卷格式的要求，为成员进行了详细的培训，目前6套高质量的模拟题已经免费推向社会，为初三学生献上了最好的助攻。

（5）推进工作室品牌建设

迄今共有广东省名师工作室、深圳市劳模创新工作室、深圳市名班主任工作室等"五育"教研工作室15个。模联、机器人社、文学社、辩论社、射箭等30个学生特色社团，在各级竞赛中，有逾200人次获国家级奖励，逾300人次获省市级奖励；荣誉课程中心数学、物理、化学和生物竞赛社团成立2年有逾100人次获得省市区级奖项；"笃行杯"科研成果交流大会已成为STEM爱好者的交流展示盛典。名师工作室持续推进新课程新教材的实践研究，用好国家教材，开发特色课程，探索指向核心素养发展的学科典型学习方式新路径，为变革学习方式、探索未来教育新模式提供有益借鉴。名师工作室增强活动的针对性、实效性和应用性，构建"基于立德树人根本任务的师生发展指导体系与德智体美劳全面发展评价改革"的办学框架与范式，并不断调整、修正，提高其可行性、实用性和有效性。

**第四阶段：总结推广阶段（2018—2021年）**

以名师工作室为支点，以学校为依托，通过引进来和走出去的方式，促进成果在实践中不断总结和提升，扩大成果影响力。

践行新时代中国特色社会主义道路、以现代化治理体系为特色的名校长工作室；以爱国主义、社会主义和共产主义理想信念教育为主线的德育特色名校长工作室；为国家培养科技创新拔尖人才的创新教育标杆名校长工作室；建设成培养德智体美劳全面发展时代新人的改革先锋名校长工作室；建设成彰显智慧教育和智慧管理的智慧教育样板的名校长工作室；建立"1+N深耕计划"对口帮扶发展共同体，并形成可复制可推广的名校长培养实践经验与策略，推进区域教育优质均衡发展；落实教育领域供给侧结构性改革，优化选课走班结构，联合建设高校地理学科紧缺的理工农医人才培养的优质生源基地。

我作为广东省数学正高级教师、特级教师、广东省"特支计划"名教师、深圳市地方级领军人才、广东省优秀名师工作室主持人和"国培计划"全国名教师培训实践导师，代表在清华北大专场宣讲，并带头做好系列跟进措施，最终成功吸引79名清华大学优秀毕业生加盟南山教育，一次性引进20名清华北大硕博的创新举措被《人民日报》、新华社等全国40余家主流媒体广泛报道，引起社会强烈反响，得到社会的认可。参加华南师范大学的"中学名校长在线师德论坛"，主讲"爱生如子与师德高尚"得到华南师范大学领导、专家及同学们的充分肯定。

**（二）解决问题的方法**

**1. 以课题和理念引领教学**

以不预习下的发现式教学法理念和深圳市教育科学规划重大招标课题"发现式教学法在初中数学教学中的实践探索"为引领，进一步促进教学的实践与探索。

**2. 落实教学活动**

将不预习下的初中数学发现式教学法扎根课堂，应用到教学的多个阶段，通过实验或者操作、实施发现式教学，在概念和定理教学中、在整理知识或解题后的反思中、复习课中实施发现式教学。这对于中小学其他学科教学具有积极的示范作用和推广价值。

**3. 搭建教学平台**

组织工作室成员积极开展在线教学，搭建在线教学平台，促进不预习下的初中数学发现式教学法进一步应用与推广。并运用行动研究指导数学教师使用不预习下的初中数学发现式教学法开展课堂教学，帮助教师提升学生的各项能力和自身专业发展。

## 三、成果的主要内容

### （一）构建了创新型课堂教学法

不预习下的初中数学发现式教学法促进了学生主动探索和发现的欲望，开拓了学生思维活动，培养学生自主思考的良好习惯和善于探索创新的思维品质，提高学生的综合素质和能力。

参加不预习下的发现式教学法的学生成绩会非常出色，如西南大学附属中学初一到高三的学生，创造了学校的辉煌；1999年8月开始在深圳市高级中学初一到初三3个年级的学生中实践，在他们2005年高考中，有17人高考成绩800分以上（全校18人）；2002—2008年从初一到高三的学生，在高考中更是为学校创造了辉煌，11名同学被北大、清华录取，大部分是参加不预习下的发现式教学法的学生；2015年9月到2016年1月，深圳市高级中学初中部参加不预习下的发现式教学法的学生从成绩来看，入学考试班级30分以下有9人，期末考试不存在40分以下的同学，而且他们进步相当大。学生艺体科创全面发展，成立模联、机器人社、文学社、辩论社、射箭队等30个学生专业社团，学校注重培养学生的多元才智，在各级创客竞赛中，有28人次获国家级奖励，逾34人次获省市级奖励。

**（二）探索了在多领域课堂中的实施路径**

通过近30年的教学实践与探索，数以万计的教师和学生参与到教改实践探索中。坚持以课题、省级工作室等推动不预习下的初中数学发现式教学法的实践与探索，成就了一支理念先进、业务精良、创新意识强、管理实践力强，在全国有一定影响力和辐射力的精品团队。2018年广东省名师工作室揭牌，2020年深圳市劳模创新工作室授牌，迄今共有深圳市名班主任工作室等"五育"教研工作室15个。工作室通过定期组织学员聆听杂志社主编关于数学专业论文的写作指导，以及走进高校，走进全国重点中学，开拓了学员的眼界，提升了学员的专业能力。

成立了广东省冯大学名校长工作室，主动献力中国特色社会主义先行示范区的教育发展，积极助推粤港澳大湾区建设，对标"双区"建设对教育工作提出的新要求，以立德树人为根本任务，以建立"双区"基础教育先行示范名校长工作室为己任。工作室将重点关注"新时代领导力理论与实践"和"基于立德树人根本任务的师生发展指导体系与德智体美劳全面发展评价改革"两个主题，通过深化办学机制创新，全面加快高素质专业化创新型校长队伍和教师队伍建设，推进高中教学改革和育人方式变革，扎实践行教书育人使命、落实立德树人育人价值，为整体提升基础教育教学质量做出贡献。

**（三）构建了创新型的推广方式**

在重庆市、四川省、广东省、黑龙江省、深圳市等省市推广。一是以深圳市重大招标课题为基础，引导教师进行不预习下的初中数学发现式教学法的实践与探索；二是以冯大学名师工作室为依托，指导培育多个名师工作室，进一步落实不预习下的初中数学发现式教学法；三是以"不预习下的发现式教学法的实践与探索"为主题，组织教学研讨、观摩和培训活动。在推广中，定期邀请知名专家学者进行学术报告，工作室成员提供课堂展示和专家学者给予点评指导；四是积极参加各级各类讲课、说课比赛，展示和交流不预习下的初中数学发现式教学法的实践与探索。

## 四、效果与反思

### （一）效果

不预习下的初中数学发现式教学法实践探索了近30年，在学生成长、教师专业发展、学校建设等方面效果明显，也形成了一批利用不预习下的初中数学发现式教学法形成的具有推广价值的物化成果和经验。

#### 1.减轻学业负担，综合素养较好

该成果基于布鲁纳的发现学习而提出的"用自己的头脑亲自获得知识的一切形式"的"发现式教学法"。成果基于不预习下的发现式教学理念为导引，探索了不预习下的初中数学发现式教学法，构建了教师提出问题、探索发现、讨论总结、实践应用和学生知识猜测——举例验证（或举反例否定或严格证明）——具体应用的创新型课堂教学法，尝试了在实验操作、概念定理、知识整理、解题反思、复习等课堂中开展实施，培养了学生的学习能力、实践能力、创新能力，有效落实了减负提质，促进了学生全面发展。

教师获奖逾60人次，其中主持人获得教育部"一师一优课、一课一名师"活动的"优课"，并被评为广东省"特支计划"名教师。（出版论著6本，发表论文近20篇，获得课题逾10项。）

不预习下的初中数学发现式教学均是利用课内完成，课内评讲，不占用课外时间。针对初中数学的学科特点，教师把更多的精力放在了课堂上，想尽办法让学生积极参与课堂活动，并想尽办法让学生体会发现的乐趣。不预习下的发现式教学法重点探讨如何才能更好地提高课堂效率，减轻学生课业负担，达到真正的"减负提质"的教学目的。

调查显示，98.5%的学生喜爱这种教学法，96.2%的学生认为自身课业负担较小，93.9%的学生认为学习效率高，92.5%的学生学习能力得到提高，93.4%的学生实践能力得到提高，91.3%的学生创新能力得到提高，获奖1051人次。6名学生在省级期刊发表学术论文。学业发展突出，如2015年的初一7班，经过一学期学习，全班数学成绩由年级第11名上升至第5名。2002—2008年所教学生中有18名学生进入深圳市数学竞赛全市前十名，2002年全国初中数学竞赛中19名

学生获全国一等奖，占全市近50%。学生发展后劲足，多名学生升入国内知名高校。

**2. 学校发展突出**

紧紧围绕立德树人根本任务开展教研工作，以有效教研为抓手，以促进教师专业发展、培育学生数学学科核心素养、落实课程育人价值为目标，扎实推进新课程与中高考改革引领的课程、教学、评价模式变革，促进教师积极学习、深入思考、大胆实践。

教师专业得到发展，获得省级以上奖励逾60人次，如深圳市高级中学向伟（广东省首届青年教师基本功大赛第一名），深圳市观澜中学王振鑫（副校长，广东省五一劳动奖章获得者），深圳市民治中学余涛（深圳市中青年骨干教师），中山市石歧启发中学孔进（百千万培养人才，广东省特级教师），番禺实验中学麦少凤等数十人。出版6本书，发表论文近20篇，获得课题逾10项。

**3. 成果应用广泛，受到好评**

承担各级名校长、骨干教师学习团的指导任务，开展讲学活动逾30次。2012年成果在深圳市推广覆盖上百所学校，受益学生上万人，京、沪、鄂等省市来校交流学习，在全国会议上做主题发言逾10次。

当代教育名家、中国教育学会副会长吴颖民评价：为学科教学改革提供了较好的范例。

当代教育名家、全国教学论专家、北京师范大学资深教授裴娣娜评价：成果培养了学生的学习能力、实践能力、创新能力，为学科教学方式改革提供了较好的样例，为我国学科教育理论与实践的重构提供了重要启示。

当代教育名家宋乃庆评价：为国内学科教学改革提供了有益借鉴。

全国数学教育研究会理事长、国家义务教育数学课程标准修订组组长曹一鸣评价：促进了学生发展、提升了教师专业发展，为学科教学改革提供了有益借鉴和补充。

同时还获得了国家万人计划教学名师吴磊、龚志明，中国首批博士、中国数学会理事李尚志教授，世界增强现实之父、可穿戴之父Steve Mann教授等专家领导的好评，《人民日报》《中国教育报》等多家媒体进行报道。

**（二）反思**

不预习下的初中数学发现式教学法在不断探索、实践的路上，扎根课堂，践行素质教育理念，以教师自身专业发展为基础，以学生终身发展为教学目的，我们深感不预习下的初中数学发现式教学法的重要性，虽然取得了一定的成绩，但仍有一些不足。

**1.进一步扩大实验推广的范围**

不预习下的初中数学发现式教学法虽然已在多个省（市）的学校进行推广，效果相对显著，但是总量还有很大的提升空间。目前，有待进一步深入研究不预习下的初中数学发现式教学法的有效途径和方法，形成长效机制，丰富研究成果，进一步扩大其辐射性和推广性。

**2.加强对名师工作室教师的培训**

教师在实施不预习下的初中数学发现式教学法时发挥着不可替代的作用。在今后的工作中，还要开展多层次、多形式的有针对性的教师培训。

在进一步实践中，经过不断的探索，我们坚信不预习下的初中数学发现式教学法从象牙塔走进学校、走进课堂、走近师生，成为有效推进素质教育的重要抓手。

# 4 第四章 | 制定规划 建名校

# 深圳市南山外国语学校（集团）高级中学
# 办学规划（2019—2024年）

为了更好地弘扬南外教育集团的办学精神，深入总结南外高中部近十五年来成功的办学经验，精准定位并高位推进南外高中在独立校区的办学实践，从而把南外高中建设成为"南山区的品牌高中、深圳市的品质高中和广东省的品位高中"，结合学校办学实际，特制定该办学规划。

## 一、办学优势与挑战

### （一）办学经验与优势

**1. 跻身于深圳公办高中八强，具有良好的社会声誉，成为值得家长信赖的好学校**

学校自2005年首招两个高中班以来，在五年之内就培养出进入清华大学的好学生，在英语特色和重点大学升学率上都取得骄人的成绩。2018年学校的高考进步率位居全市公立高中第一，获得深圳市"高考工作超越奖"。优秀的办学业绩和良好的教育质量为学校赢得了良好的社会声誉，成为家长心目中一所值得托付的好学校。

**2. 坚持小班教学和教师全方位个性化辅导，确保学校始终处于低进高出的办学高位**

在南外教育集团优质初中学校和小学学校的基础上，为了保证新创办的高中部具备高质量的南外教育品质，在"学位"极其短缺的情况下选择并坚持"小班教学"模式，在近十五年里，依托小班教学形成了对学生全方位关心和个性化辅导的精准教学模式，为学校低进高出的办学局面提供了保障。

**3. 南外教育集团及其优质义务教育学校，为学校发展提供了优质生源的保障**

南外高中作为南外教育集团的成员学校，除了秉承南外教育精神和坚持南外教育品质之外，还依托南外教育集团内的优质初中学校，获得优秀的初中毕业生，保证了学校作为外国语高中学校的特色生源，充实并整体提升了学校的生源质量，为学校保持在深圳市高中教育界第一方阵起到了非常重要的作用。

**4. 形成了务实勤勉的教学风气，为学校深化教育改革提供了人力支持和文化引领**

在近十五年的办学历程中，南外高中扎根于育人实践，致力于人才培养和学生成长，教师扎根于课程教学，学生扎根于学科学习，从而在教师队伍中形成了务实勤勉的教学风气，在学生群体中形成了朴实认真的学习面貌，在不事声张的学校文化氛围和工作环境中，培育出了一批又一批优秀的南外高中学子，为学校深化改革提供了人力支持和文化引领。

**（二）办学困难与挑战**

**1. 深圳高中教育规模扩张对学校教育模式的深度转型提出了挑战**

随着深圳人口结构的变化，接受高中教育的人口规模在最近几年迅速扩大，学校不但整体办学模式发生改变，而且班级规模也随着优质高中教育资源的稀缺而增大。这对一直以来坚持小规模办学和小班教学的南外高中部而言，不论是学校的管理模式还是教育教学模式都面临深度转型的需要，以适应新形势下的大规模办学和正常规模教学的实践需求。

**2. 从"南外高中部"走向深圳和粤港澳大湾区的南外高中学校**

粤港澳大湾区的设立促使学校发展作为外国语高中学校的特色，打造具有国际化视野的优质学校，培育具有全球胜任力的人才，承担起更大的教育责任和社会担当。这就要求学校在传承和发扬南外教育集团教育精神的同时，努力打造学校自身的办学品牌，营造校园文化，完善规章管理制度的建设，发展成为一所面向世界、面向未来的优质学校。与此同时，随着学校招生规模的扩大，更需要学校从南外教育集团的生源校中走出来，以更系统、更自信的形象接受全市人民的选择和检阅，并在教育模式和教育影响上奠定在粤港澳大湾区以及全国的地位。

**3. 高考改革以及深化高中课程教学改革呼唤学校师资队伍的革新**

新高考改革赋予了高中学生更多的选择权利和机会，高中课程改革提出要求发展学生的核心素养，高中教学变革要求高中教师能够通过吸纳最新的教学技术来重构课堂，这一系列的改革都需要教师具备与改革相适应的能力与素养，这对学校教师个体来说，需要有更大勇气去面对改革，更大力度更新自己；对学校师资队伍建设来说，除了挖掘内部变革的力量，还需要借助新生力量的加盟，来充实和重构学校师资队伍。

**4. 招生模式的多元化和成长路径的多样化呼唤学生的个性化成长**

随着学校办学水平的提升，优质生源的增长和优秀学生的增加，他们将面临越来越多元的选择和挑战；随着学校办学规模的扩大，学生兴趣爱好以及学生人生选择的成长路径也变得更加多样。在这样的背景下，学校除了在为学生提供更多课程选择和更丰富的学习资源之外，还需要在培养学生自主学习的习惯和自我管理的能力上下功夫，而这对长期以来在"小班教育"模式下形成的教学模式和学习方式都形成了挑战。

## 二、学校办学定位与发展理念

### （一）办学定位

把南外高中打造成一所以"课程精致、教学精准、教育精心、管理精益求精为办学特征"和"以外国语和科技教育为办学特色的新时代精品高中学校"。学校将通过精致化的课程体系，精准实施教学模式，精心打造教育活动，精益求精地完善管理规程，从而发挥作为"南山区高中教育品牌学校"的引领作用，持续巩固"深圳市品质高中学校"的办学形象，逐步将自身打造成粤港澳大湾区乃至全国"极具外国语和科技教育品位"的新时代精品高中学校。

### （二）培养目标

为国家和社会培养"兼具'文通世界'和'理明自然'能力的新时代高中生"，是南外高中不懈努力的方向。"文通世界"，寓意既要有语言上的相通，也要有文化上的相通；"理明自然"，寓意既要掌握自然科学知识，又要创新自然科学知识。南外高中是外国语高中，但并不意味着我们的学生只需要掌握外国语言，但却失去了对文化的追求；我们要重视文化知识，并不意味我们就可以忽略对学生科学知识的教育，所以将外国语和科技教育作为学校办学的双特色，能够有效促进学生在文理上的全面发展。

**（三）办学理念**

我们的办学理念是"树人立己，精进卓越"。"树人立己"，既指教师需要像培育大树那样教育学生，也要在教育学生的同时，确立自己的专业地位；也指学生在未来的职业生涯中，要有助人之心，也要有立己之意。"精进卓越"，是指不论教师的教学，还是学生的学习，只有通过不断求真求善，才可能实现自己的卓越人生。

## 三、学校办学战略与路径

### （一）课程建设与课堂教学

根据高中课程改革的总体要求以及学校培养目标的课程需求，结合学校办学的实际情况，立足于学生的可持续发展，通过对现有课程内容的统整和梳理，逐步形成"国家课程、拓展课程、特色课程相结合的学校课程体系"。其中，国家课程强调校本化实施和全面落实，旨在高质量培养国家规定的高中生学习能力和道德品质；拓展课程兼顾学科深度拓展和学科生活拓展，旨在可持续培养学生学科深度学习能力和跨学科的实践创新能力；特色课程以外国语课程和科技类课程为主，旨在前瞻性地培养学生的国际沟通能力和科技应用能力。在精致架构学校课程体系的基础之上，坚持以促进学生可持续发展为根本，坚持以完善教师教学风格为依托，提升课堂教学的精准程度，有效达成学校的培养目标。

第一，整体提升国家课程的校本化实施品质，全面提高校本化实施国家课程的能力，高质量完成国家课程的育人任务。随着高中课程标准修订工作以及新一轮高中教材建设工作的完成，全面学习并深刻领会国家高中课程，是学校开展国家课程校本化实施的工作基础。在此基础上，根据本校学生学习基础以及本校提供的教学资源，依托学科教研工作，系统整合国家高中学科课程标准、学科教学指南以及学科辅导材料，形成高中三年一贯制的《校本化学科教学大纲》和具有南外高中教育特色的《学科学习指南》。

第二，在国家学科课程基础上，深度拓展学科学术类课程，拓宽学科生活类课程，高水平培养学生学科核心素养。作为以精品高中建设为目标的学校，南外高中在依托并全面落实国家学科课程的前提下，将为对学科课程学有余力的学生，提供更有深度或者更有宽度的学科拓展课程。学校将根据学生深度学习能力的相对高低，以及国家对学科学术类课程的规范与引领情况，逐步建设并完善指向学科竞赛的学科学术类课程；学校将根据学生学科宽度和学习兴趣的不同，结合学科与日常生活的结合方式与程度，建设并逐步丰富学科生活类课程。

第三，以培养学生国际沟通能力为引领开展外国语课程群建设，以培养学生科技应用能力为引领开展科技类课程群建设。为促进学生个性成长和推动学校特色建设，学校将在文科课程里加强外国语课程群建设，在理科课程里加强科技类课程群建设，通过实施双课程群建设项目，从课程层面巩固学校特色办学成绩，不断提高学校特色办学能力。外国语课程群建设以培养学生国际沟通能力为导向，科技类课程群建设以培养学生科技应用能力为导向，原则上学校每位学生在两个特色课程群中选修一门，并在一个特色课程群中选修三门课程。

第四，全面调查学生学习现状，全员排查学生学习困难情况，提高课堂教学助力学生问题解决和能力提升的精准程度。课堂教学的核心任务是助力学生对学习问题的解决与对学习能力的提升，为此学校将对每年新生的学习情况，以及对高二和高三学生的年度学习情况，开展全面调查和全员排查相结合的学情调查，为课堂教学的精准施教提供数据依据，逐步形成具有南外高中教学特色的基于数据驱动的精准教学模式，提高课堂教学助力学生学习的精准程度，全面提高课堂教学效率。

**（二）立德树人与学生成长**

坚持以立德树人作为学校教育的根本任务，开展全员育人、全过程育人和全方位育人，这是学校德育工作的主旋律，也是促进学生全面发展的核心抓手。为此，系统梳理学校德育工作和教育活动，进一步统筹校内外德育资源，逐步实现"学校德育活动课程化、学校教育活动全员化、学生自主管理科学化和学生社团建设特色化"，提升学校德育工作的有效性与科学性，保障学生得到科学而又全面的成长机会。

第一，系统整理学校德育活动，推动德育活动的课程化进程，将德育活动与教学活动一体化设计，实现整体育人的办学思路。全面梳理学校三个年级段的德育活动，提炼每个德育活动的育人功能和活动窗口期，将活动目标、活动内容、活动过程和活动评价标准按照课程建设方式予以课程化。德育活动课程化，一方面起到巩固的作用为进一步优化德育活动打下基础；另一方面将德育活动与教学活动在课程层面进行一体化设计，推动德育活动与教学活动的良性互动，从而实现整体育人的办学思路。

第二，重视学校教育活动的育人目标，推进教育活动的全员化进程，明确全员育人责任和充分发挥所有教育活动的育人功能。全面挖掘学校各类活动的教育价值，推动学校各类活动教育化，教育活动育人化，从而实现在学校所有活动中体现全过程育人，在学校所有活动主体上体现全员育人。为此，以育人的眼光，按照育人的标准，重新规划学校食堂工作、图书馆工作、物业工作等，将其纳入学校德育活动、教学活动，既起到提升学校所有活动的育人功能，还起到充分激发学校所有工作人员育人使命的作用。

第三，强化对学生自主管理的指导，推进学生自主管理的科学化进程，全面提高学生自律意识和整体提高学生自主管理能力。越是给予学生自主管理的机会，就越需要给予学生自主管理更全面、更充分的指导。为此，通过对学生前期自主管理经验和教训的总结，按照学生自主生活管理、自主学习管理和学生组织自主管理三个类别，分别由学校相关管理部门和学生自主管理群体共同开发相关内容的自主管理指南，以此提高学生的自律意识，通过学生强有力的自律，借助丰富的自主管理经验和科学的自主管理方法，整体提高学生自主管理能力。

第四，充分挖掘学生社团建设的育人潜力，推进学生社团建设的特色化进程，实现学生兴趣拓展和学校特色办学的共同目标。学生社团建设是学校德育工作最富有挑战的部分，也是对学生能力挑战最大的部分。为此，学校将以学生个性成长和学校特色办学为依据，接收并有选择性地支持学生自主创建社团或者按照学校的指派建设社团，学生社团建设要以学科拓展、兴趣拓展和学校特色办学为主要任务。考虑到集团办学的优势所在，在集团允许的情况下，可以将南外高中的学生社团向集团内的初中学校拓展，实现初高中社团建设一体化的构想。

### （三）教育科研与教师发展

开展教育科研是科学地提高学校办学品质的必由之路，也是提高教师专业水平的有效路径。因此，学校将依托教育科研工作的开展，依据学校办学品质提升和教学质量提高的需求，以教师专业水平的提高为准则，从教育科研课题的承接与自主发布、教师教育科研能力的发挥和提升、教师个体学习意识增强和能力提高、教师团队学习氛围营造和凝聚力打造四个方面予以整体布局，通过将教育课题研究、教育品质提升和教师专业发展融为一体，全方位促进学校育人科学化程度的提升。

第一，学校根据整体规划发布专项课题，鼓励教师或者学校组团申请课题，鼓励教师根据教学需要自主设计课题。根据学校发展规划的实施进展，尤其是对学校发展中亟待突破的教育教学问题，学校将以专项课题的方式向全校教职员工发布；在学校有研究基础和研究专长的领域，鼓励教师或者学校以组团的方式，向国家、省和市级课题发布机构申请课题，提炼并传播学校的研究专长；教师可以根据自己个人碰到的教育教学问题自主设计微课题，每年学校提供一定的经费资助教师开展微课题研究，促进教师个人专业发展和教学专长的形成。

第二，邀请"教有所得"或"研有所获"的各级名师，以学术报告或者课程研修的形式，促进教师科研能力的提升。依托学校现有省级名师工作室以及名师工作室联盟，有计划、有针对性地邀请各级名师，按照"教有所得"的学科教学研究组和"研有所获"的教育科学研究组，分别就学科教学问题的破解和教育科学课题的研究，采用学术报告、专题研修或者课题共研等多种方式，对学校全体教师或者专项课题参与者进行培训，着力提高学校教师的学科教学研究水平和教育科学研究能力。

第三，根据教师专业发展需求，开展多元学习活动，建立教师专业发展档案，加快教师教学风格的形成与完善进程。精品学校的打造，与卓越学生的培养，都离不开一支兼具学习热情与学习能力的教师队伍。为此，学校将建立个性化的学习型教师团队，开展"共读一本书、共开一节课、共研一课题、共组一社团"等多种学习活动，鼓励教师结合自身的专业发展需求参加学习活动。学校也将对每位教师的专业成长情况以及学习活动的参与情况，建立教师专业发展档案，有效追踪并帮助教师提升学习能力，促进教师个人教学风格的形成与完善。

第四，结合学校阶段性发展任务，有针对性地开展教师团队学习活动，营造团队学习氛围和增强教师团队凝聚力。根据学校发展过程中碰到的阶段性和共性问题，比如，学校课程体系建设问题、学校教学质量提升问题、学校文化引领问题、学生自主管理科学化问题，等等，学校有针对性地组建不同类别的教师学习团队，共同学习与这些问题相关的文献和兄弟学校的成功经验，在此基础上形成学校破解这些问题的具体方案，从而在校内形成以学习解决问题，以学习达成共识，以学习形成团队的氛围。

### （四）制度建设与学校管理

随着学校从南外教育集团高中部办学，到现在迁入独立校区办学，学校将根据独立校区办学的管理需要和发展需求，在深度吸收集团管理经验，不断延续集团管理文化，继续延用集团管理制度的基础上，将逐步建立与独立校区办学相适应的管理制度，形成具有独立校区办学特色的管理文化。学校将从规范化管理制度、系统化专业工作指南、民主化管理过程、科学化管理标准和专业化管理团队五个方面着手，不断提高学校管理效率，持续提升学校治理水平和学校管理团队的治理能力。

#### 1. 规范化管理制度

尽管独立校区办学，南外高中也依然是南外教育集团中的一员，但独立校区办学的存在，就要求学校建立一整套覆盖所有工作领域和工作部门的管理制度。为此，学校将以集团现有管理制度为依据，借鉴集团内各兄弟学校管理经验，广泛学习国内优质高中学校的管理制度，结合学校目前的发展阶段和发展需求，建立一整套规范化的管理制度，尤其是学校人事管理制度、财务管理制度、后勤保障制度、学生安全管理制度、食堂健康运营和卫生保障制度，等等，推动学校快速进入规范化管理阶段，为后续的快速发展奠定基础。

#### 2. 系统化专业指南

给予南外高中独立校区办学，既是基于办学规模扩张的考虑，也是对高中教育独立性的认可和支持。为此，在延续南外教育集团良好教育风气和专业教育做法的基础上，学校将根据高中教育的独立性，分门别类地对教育教学和学生学习的专业工作提供相关指南。在教育教学上，将根据前期的工作基础，提供班主任工作指南、班级德育工作指南、学科教学指南、课堂教学指南等系列专业文本；在学生学习上，将总结优秀学生学习方法，为学生提供学科学习方法指南、班集体建设指南、社团运营指南等专业文本。

### 3. 科学化管理标准

为了把南外高中真正办成精品高中学校，除了要对学校发展进行整体规划之外，还需要在学校发展的不同阶段，为学校发展的不同工作，设置相应的发展标准和工作标准，推动学校逐步、逐级、逐层地上升。结合学校实施的管理绩效工资制度，将进一步完善学校各项工作的绩效考核标准；根据各学科教学的特征，将建立并逐步完善学校教学质量监测、诊断和考核标准；根据学校教研组、备课组的教学研究及学科教学成绩形成教研组、备课组考核标准。各项管理标准将在尊重专业规律的基础上，根据学校发展需要进行动态调整。

### 4. 民主化管理过程

为了提高学校的治理水平，集合学校各方的管理智慧和专业能力，学校将推动管理过程的民主化进程，进一步完善学校各级各类组织的管理权利与管理责任。加强学校党组织的政治功能，把握学校办学的政治方向；强化学校教职工代表大会对学校重大事件的决策权利；提高学校党政联席会和行政例会的决策质量和决策执行力度；继续发挥学校工会、共青团等群团组织的参与热情；持续加强学校家长委员会对学校教育教学的参与度，加快学校融入当地社区的进程。

### 5. 专业化管理团队

学校管理是学校持续发展的保障，而一支专业化管理团队则是学校管理健康发展的保障。为了提高学校管理团队的专业水平和治理能力，学校将定期进行管理团队的集中学习，分别就学校的课程教学管理、德育与学生发展、后勤保障与文化引领、学校特色发展等内容分门别类地由分管领导分头介绍、共同讨论，最后由专家和学校领导集中点评等方式进行深度研讨。同时，在制度允许的情况下，组团去卓越的兄弟学校或者高校进行专题调研和学习，不断提高学校管理的政治站位和专业能力。

## 四、办学规划阶段与任务

办学规划是对过去办学历史的梳理，也是对未来办学愿景的展望，而最重要的则是对办学过程的全面落实。该办学规划从2019年8月到2024年7月，历时五年整，它的起点是目前独立校区办学的稳定阶段，它的终点是一所精品高中学校的初步成型。虽然对未来办学愿景的展望是令人欣喜的，但越是令人欣喜的办学愿景，对办学过程的要求就更高，对办学者的要求就更严，所以这个过程既是对办学者的挑战，也是成就学校办学、成就学校办学者的机会。为了有效落实办学规划，在五年后能够高质量地完成办学规划，我们将五年的规划期大致划分为四个阶段，即规划转化期、规划践行期、规划攻坚期和规划总结期，每个阶段的时间划分和工作任务大致安排如下：

**（一）规划转化期（2019年8—12月）**

在经历了深入的规划调研、专家论证和规划定型之后，从2019年下半年开始，学校将全面启动规划建设活动，将用三到四个月的时间，由学校各个部门根据规划的要求认领部门的工作任务，根据工作任务的具体情况，将学校的总体办学规划具体化为学校部门的工作计划和五年工作规划，为各项工作任务设置工作时间表和工作任务表，确保学校规划的有效分工和逐步完成。

**（二）规划践行期（2020年1月—2022年7月）**

从2020年1月开始，学校以五年办学规划为工作指南，遵循依据五年规划而制订的学校年度工作计划以及各个部门的具体工作计划，有计划、有组织、有目的地落实办学规划安排的工作项目和教育教学任务。在践行办学规划的过程中，学校会根据办学进展情况以及各项工作的具体情况，调整办学规划的特定项目或者具体任务，但办学规划的目的、精神和办学指向要得到落实。

**（三）规划攻坚期（2022年8月—2023年12月）**

从2022年8月开始，可以系统梳理前期规划执行情况，学校就规划执行过程中取得的成绩予以总结，对规划执行过程碰到的问题进行新一轮的提炼，重新明确办学规划还有待破解的问题以及在办学规划执行过程中产生的新问题。在这一年多的时间里，不仅是对规划践行期的总结与提炼，更是对全面落实办学规划的攻坚行动。只有有效破解了办学规划提出的重大问题与课题，才可能真正实现办学规划提出的美好愿景。

**（四）规划总结期（2024年1—7月）**

进入2024年，五年办学规划开始进入总结期，学校应该系统回顾五年来学校积累的办学经验、取得的办学成绩、碰到的办学问题，为学校新一轮五年发展奠定坚实的基础。从学校整体发展来看，学校办学有着自身的规律，会与办学规划有许多一致的地方，也一定会有不一致的地方，正是因为存在着不一致的地方，才为学校下一轮发展提供了新的机会与可能。

由于学校办学的复杂程度以及教育教学活动的高频变化，以上分期和任务安排主要是针对规划整体而言，规划中不同工作内容要根据年度工作计划来展开，并非规划中的每项工作都按照分期来执行。

## 五、办学保障

第一，紧密对接市、区教育行政部门对高中教育的整体部署，扩大学校在全市高中学校中的影响力和在全区高中教育中的引领力。深刻领会国家对高中教育的育人定位，全面学习国家高中课程改革理念和任务，紧密对接深圳市和南山区对全市、全区高中教育的改革精神和具体任务，在全国高中教育改革和课程改革的过程中发展自己，在对接全市、全区高中教育改革的过程中做强自己。

第二，在分享集团办学经验以及提高集团办学美誉度的同时，借力集团中学教育六年一体化设计，让学校办学享有高起点的办学基础。南外教育集团有着丰富的办学经验，有着良好的社会美誉度，还有着丰富的教育资源和优质的生源，作为南外教育集团属下的高级中学，南外高中需要延续集团在初中和小学办学中取得的成绩和办学品质，也需要得到集团属下初中和小学的支持，从而有效达成中学教育六年一体化或者基础教育十二年一体化的培养任务。

第三，加强与学校所在社区的互动关系，依托社区的科技教育资源和社会教育资源，助力学生个性化成长和学校特色化办学。学校所处社区是国内少有的高科技企业聚集区，作为坐落在高科技企业聚集地的高级中学，南外高中不论是在课程的完善与拓展上，还是在学生生涯规划与行业体验上，都有必要借助社区教育资源来予以落实。此外，学校教育生活还需要融入社区的日常生活，将学校教育资源与社区教育资源相融合，从而促进学生全面发展。

第四，深化家校关系，鼓励家长参与学校治理，通过学校教育与家庭教育的共生共融，促进学生的可持续发展。从学生接受高中教育来讲，高中学校起着主导作用；但从学生长远发展来看，只有家庭教育一直相伴相随。因此，学校教育要借助于家庭教育，来更全面地了解学生；而家庭教育也需要支持学校教育，来让孩子更完美地度过高中教育，从而赢得更长远的发展和更美好的未来。

# 深圳市南山外国语学校（集团）高级中学卓越高中建设实施方案（节选）

为贯彻落实《国家中长期教育改革和发展规划纲要》和《广东省推进普通高中全面提升行动方案》，推进南外高中办学品质的全面提升，促进学校特色多样化发展和学生全面而有个性的成长，结合南外高中部的办学经验和学生的实际情况，瞄准卓越高中的建设目标，特制订南外高级中学卓越高中的建设实施方案。

## 一、建设基础与学校愿景

### （一）建设基础与优势

深圳市南山外国语学校（集团）高级中学是南山区教育局直属的全寄宿制高中，创办于2004年，2018年搬迁至深圳湾新校区。办校十六年来，南外高中精准施策，以项目引领、错位发展、课程支撑、科研推动为路径，不断激发创新活力，为特色教育的开展积淀了丰厚的建设经验，也成了学校卓越发展的优势：

（1）学校拥有建设卓越高中学校的社会基础；

（2）学校拥有实施高品质教学的教育基础；

（3）学校拥有促进学生卓越成长的生源基础；

（4）学校拥有打造卓越师资团队的文化基础。

### （二）建设的形势与机会

**1. 深圳人民对优质高中教育的需求呼唤卓越高中的诞生**

独立校区的迁出，会使办学规模随着优质高中教育资源的稀缺而扩大。这对一直以来在小规模办学和小班教学下推行特色教育的南外高中部而言，不论是学校的管理模式还是特色教育模式都面临深度转型的需要。

**2. 南外高中的迁出为建设卓越高中课程体系提供了资源**

当南外高中作为集团的高中部时，虽具有自身的课程体系，但尚处于依附承袭阶段，在课程框架梳理方面尚显稚嫩。随着"南外高中部"走向深圳和粤港澳大湾区成为南外高中学校，南外高中需要在传承和发扬南外教育集团课程建设精神的同时，构建与独立办学相适应的课程体系，并形成成熟建构策略和校本课程方案，以此适应努力强化学校自身的办学特色，发展成为一所面向世界、面向未来的优质特色学校。

除以上两点，高考新政策的实施也有利于卓越师资队伍的组合与重构，招生多元化和成长多样化为卓越学生培养提供了很多机会。

**（三）建设目标**

为国家和社会培养"兼具'文通世界'和'理明自然'能力的新时代卓越高中生"是南外高中卓越教育的努力方向。因此，将外国语和科技创新教育作为学校办学的双特色，能够有效促进学生在文理上的全面发展。

在明晰学校建设目标的前提下，南外高中将在自身作为外国语学校优势的基础上，顺应教育优质化、教育信息化、教育国际化、人才强教的"三化一强"的创新潮流，聚焦学生发展核心素养、教师掌握核心能力，从以精致的课程设置为抓手，以精强的师资队伍为基础、以精益的制度管理为保障，以精准的信息技术为支撑的战略布局出发，努力把南外高中打造成为一所以"外国语和科技创新教育为办学特色的新时代卓越高中学校"。从而发挥作为"南山区高中教育品牌学校"的引领作用，持续巩固"深圳市卓越高中学校"的办学形象，逐步将自身打造成为粤港澳大湾区乃至全国"极具外国语和科技创新教育品位"的新时代卓越高中学校。

## 二、建设项目与核心任务

卓越高中学校建设是落实《国家中长期教育改革和发展规划纲要》精神的要求，也是深化南外高中育人模式改革，促进学生全面而有个性发展的内在需要。学校将依托南外教育集团，在传承和发扬南外教育集团教育精神的同时，以学校优势项目为切入点，凝聚学校内部力量，通过课程教学、师资队伍、制度管理、技术保障努力促使学校外国语和科技创新教育特色建设项目的发展和卓越高中的打造。

**（一）课程建设与教学实施项目**

实现从学校外语、科技创新教学到学校外语、科技创新特色的升华，从培养学生掌握一技之长到培养全面发展的特色人才，最核心的关注点是课程教学体系的建设和实施。南外高中将根据学校特色发展定位，配套"优才计划"，设计适合学生发展的特色课程体系，增强特色课程与其他课程的交融与渗透。具体而言，南外高中将建设强化外语综合运用能力的基础型课程，构建培养学生国际理解素养的拓展型课程，开发注重学生科技创新能力的研究型课程。

首先，建设强化外语综合运用能力的基础型课程。充分尊重国家课程和广东省课程方案的权威性，基础型课程满足学生基础性学力的学习要求，完成教材所规定的教学任务，在此基础上，从大教育和学校办学理念出发，对基础型课程进行校本化的构建，形成具有国际竞争力和以外语为特色的基础型课程。

其次，构建培养学生国际理解素养的拓展型课程。学校将充分利用国内外、校内外课程资源，构建引进与开发相结合的具有"国际理解教育"特色的拓展型课。其中，横向宽度方面，按照语言文学、自然科学、社会科学、数学、艺术、体育健身、技术和综合实践八大领域，开发具有国际性的教材和讲义；纵向深度方面，学校将根据学生深度学习能力的相对高低，以及国家对学科学术类课程的规范与引领情况，逐步建设并完善指向学科竞赛的学科学术类课程。

再次，开发注重学生科技创新能力的研究型课程。随着高考改革的推进，研究性学习成果已经成为高校自主招生评价的重要内容，也为高中教育转变学习方式、探索多元培养提供了路径。因此，南外高中将研究性学习列为创新人才培养方式的"独立学习计划"，实施形式多样的研究型课程：一是开设重选题、重过程、重研究和重创新的"课题式"研究型课程或"主题式"探究型课程；二是实现研究性学习向课堂教学的渗透，各教研组分别以校内课题的形式，发动教研组成员进行学科中研究型学习的实践与探索；三是把科技创新的研究性学习与实际应用关联起来，引导学生从生活中发现问题并转化为可研究课题，在研究过程中培养学生的创新精神和实践能力，并为学生每学期举行一次科技创新成果的展示、评比和表彰活动，汇编科技创新研究成果；四是注重对高校研究型课题的转化，将本科阶段、研究生阶段才能接触到的课题研究打造成缩小版的中学生课题研究，最大限度地培养学生的批判性思维和创造性解决问题的能力。

最后，调查学生的学习现状，提高特色教学的精准程度。特色课堂教学的核心任务是助力学生个性发展，开创多元未来。为此学校将对每年新生的学习情况，以及高二和高三学生的年度学习情况，开展全面调查和全员排查相结合的学习兴趣与需求调查，为特色课堂教学的精准施教提供数据基础，逐步形成具有南外高中教学特色的基于数据驱动的精准教学模式，提高特色课堂教学助力学生学习的精准程度，全面提高课堂教学效率。

**（二）师资队伍建设与校本研修项目**

特色课程的实施与卓越高中的精进关键在教师，教师的课程建设能力和专业发展水平是提高学校办学品质的必由之路，也是建设专业化教师队伍的有效途径。因此，学校将依托校本研修，以教师专业水平的提高为准则，从教师特色课程建设能力的培养与发展、教师教研能力的提升与发挥、教师个体学习意识增强和能力提高、教师团队学习氛围营造和凝聚力打造四个方面予以整体布局，将特色课程建设、教育品质提升和教师专业发展融为一体，全方位促进学校育人科学化程度的提升。

**1. 提升教师课程建设能力，打造精品特色课程**

特色课程的建设，首当其冲的是要提高教师的课程开发与创造执行能力，需要教师掌握特色课程建设的要义与要素，并能积极主动地参与特色课程的建设，体验特色课程开发与实施的基本流程与要求，从而使教师积累相应的实践经验，使特色课程开发与学科建设有机融合。因此，为培养教师对特色课程的建设能力，学校将通过文化氛围的熏陶，提高教师对学校特色发展的认同感，组织教师相互讨论特色课程的理念、资源、推广、设计、实施、评价等，鼓励教师在行动中反思，在行动中打造精品特色课程。

**2. 开展多样化的研修活动，提高教师专业水平**

教师专业水平的提高涉及不同的范畴，应该都有相应的课程与指导教师的配合。例如，有关科技创新的前沿介绍，主要由大学专家进行专题培训，关于教材编写技术，主要由课程教材方面的专家进行专项培训，关于教学组织与教学改革，主要通过校本力量在实践互动中实施等。因此，为打造一支有较高水平和课题指导能力的特色教师队伍，促进南外高中精进卓越，学校将根据实际需要有针对性地设计与开展校本研修活动。一是专家指导。对于课程的建设和实施，将邀请深圳市、南山区教科院以及大学相关专家学者全面视导课程与教学工作，以问题为导向，不避疑难，实现对卓越高中建设的专业引领。二是参观学习。根据课程建设的需要，学校将组织以外出参观为形式的教研活动，学习兄弟学校的成功经验。三是名师引领。为提升教师的教育科学研究能力，学校将依托现有的省级名师工作室以及名师工作室联盟，有计划、有针对性地邀请各级名师，按照"教有所得"的学科教学研究组和"研有所获"的教育科学研究组，以学术报告或者课程研修的形式，提高学校教师的学科教学研究水平和教育科学研究能力。四是专题研讨。根据教学组织与教学改革中的阶段性和共性问题，学校将组建不同类别的专题研讨活动，引导教师进行教学反思与学习，在此基础上促进教学组织和教学改革的有效实施。

**3. 构建教师学习团队，营造团队学习氛围和增强团队凝聚力**

教师学习团队的建设是孕育于南外卓越教育土壤中的一颗种子。目前，南外高中已率先成立"青年教师联合会""骨干教师联合会""领军教师计划"三个教师学习团队，在外部推动和内部组织的相互作用下，教师学习团队将以教学研究问题为基点，通过合作学习共同解决问题，从而形成以学习达成共识，以学习形成团队氛围的校园文化。

学校还建立了教师专业发展档案，以此加快教师教学风格的形成和完善。

**（三）制度建设与课程管理项目**

为确保南外高中卓越教育的可持续发展，学校将根据管理需要和发展需求，制定各项规章制度，并汇编成册，以全面统筹学校特色教育的总体工作，规范特色教育的各项工作。学校将从精品化管理制度建设出发，聚焦课程管理与评价、课程资源整合，推进特色教育系统长期实效运转。

**1. 建设教育精品的行政管理**

学校将在深度吸收集团现有管理经验的基础上，借鉴集团内各兄弟特色教育管理经验，广泛学习国内优质高中学校的特色管理制度，结合学校目前的发展阶段和发展需求，建立一整套规范化的管理制度。例如，在师资队伍建设上，学校将根据前期的工作经验，对教师的培训与服务、对优质教育人才的引进，以及对绩效工资制度的完善等做出清晰明确的制度要求；在学生指导方面，为了帮助学生更好地认识自己，更科学地制定成长规划，学校将开创"因材制宜"的导师制，整合行业专业人士和专家型教师，为学生提供智能指导；在学生自主学习管理方面，学校将优化学生自主学习管理制度，从制度上保障资源供给、社团建设和学生自主选择能力的培养。

**2. 实施素养提升的教学管理**

在新高考背景下，为规范对校本课程的建设与实施，既要坚定落实课程规范化管理，树立规则意识，深化底线思维，又要优化规范性行为评价，以评促建，直指特色核心领域内的实践行为。为此，南外高中将从教师教学的管理与评价、学生选修的管理与评价以及年级走班教学管理档案三个方面着手。教师教学的管理与评价，管理工作包括对教师工作量的控制，对教学行为的诊断和对教学效益的认可。管理与评价要相辅相成，对教师的课程执行力和开发力进行评价，要用课程改革理念制定教师教学基本行为标准，并以此引导教师规范教学，且将教师在这方面的能力表现纳入绩效评价体系。学生选修的管理与评价，学生将根据自己的兴趣与意愿，选择不同的话题式的校本课程。原则上学校将要求每位学生在所开设的特色课程中至少选择两项。学校应对学生学习的选择与兴趣流向通过课程管理平台予以记录，对允许学生选修的学校课程，需要建立课程库菜单，借助这个平台实施对学生选课的管理与结果评价，并根据其选课的质与量，认定一定的学分等。年级走班教学管理档案，自主选修校本特色课程的实施，在"选单式""走班制"背景下，学生的流动比较明显，班级的组合也有时效性。为此，学校将为学生搭建"互联网+"的信息化网络平台，为师生建立动态化管理档案。

**3. 提升学校育人能力的资源管理**

南外高中要实现特色强校、精进卓越的办校目标，就需要采取多种策略，其中研发特色校本课程是核心，整合课程资源是重要保障。为有效整合、充分利用课程资源，学校将从以下三个方面着手：一是注重学校与社区课程资源整合。我们将当地的自然资源和人文环境引入学校的课程建设中，同时也将课程向社会开放，并以学生为主体，以学生能力为根本，结合社区资源和学校的实际需求，带领学生走出教室、深入社区，引导学生开展小组合作、主题研究，以提高学生的学习兴趣和问题解决能力，与此同时，扩大学校的社会影响力，带动社区发展。二是注重将专家引领与自我反思进行整合。在特色学校建设过程中，学校将邀请不同层次的教育专家参与课程改革，寻求专业支持，共同开展课程建设，保障课程开发的专业性，并通过外部专家的引领与内部教师的自我反思相结合，提高校本课程建设的系统性和有效性。三是注重对校际课程资源的整合。在集团内部，学校将以南外集团为依托，延续并扩充初中特色课程；在集团外部，将与其他学校缔结兄弟学校，鼓励教师跨校教学，分享各自的课程与发展特色。学校也可以作为其他学校的游学中心供其进行校外教学。

**（四）智能教育与教育品牌项目**

随着大数据、"互联网+"、云计算、人工智能等信息技术的发展及其在教育教学中的应用，教育与信息技术的融合已经成为教育现代化的主要标志。在此背景下，南外高中将在信息技术的支持下，统筹研究，系统思考，构思出全新的特色教育教学思路和方法。下面将从信息技术在课程教学、师资队伍建设、教育管理三个方面的应用进行阐释。第一，关于课程教学。在课程与教学方面，学校将聚焦课程建设与教学实施过程中存在的瓶颈问题，包括对远程特色课程资源共享的调控困难，学生缺乏体验、感悟和探究机会，课堂教学由教师统一安排缺乏个性化，优质教师难以覆盖全体学生等。学校将充分利用考阅一体化的大数据精准教学平台、人工智能基础训练平台、智能化能控管理系统、虚拟仿真技术等推进课程教学与技术的深度融合，使课程教学逐步走向精准化、个性化，在减轻教师教学负担的同时，增进教学效益。第二，关于师资队伍的建设。在信息技术背景下，南外高中将重点放在转变教师信息化工作的思维方式和提升教师信息技术与自身教学科研的融合能力上。此外，学校将按照新的教师研修体系建立有效的支撑环境，改进教师的培养方式，实现线上教研与线下教研的无缝衔接，并将借助大数据和云计算为每个教师构建个性化的专业发展档案。第三，关于教育管理。在教育管理方面，南外高中将借助信息技术推行智慧化管理。例如，学校依据大数据实现科学的管理和决策，推进特色教育治理的民主化和科学性。再如，学校通过定制的电子班牌系统实现教师和同学快速查询走班信息，帮助学校完成从行政班向选课走班的无缝过渡；通过人脸识别，实现学生无感进校园；通过智能化能控管理系统，既集中管控学校所有教室的电器设备，又全面监测教室内$CO_2$浓度、PM2.5、温湿度，为学生提供优良的学习环境。

## 三、建设过程与阶段任务

为将南外高中打造成一所特色鲜明、精品卓越的现代化高中，我们将对特色学校的实施进程进行三年规划，以期在三年后能够高质量地完成特色学校的建设。我们将三年的实施进程大致划分为四个阶段，即筹备阶段、践行阶段、攻坚阶段和总结阶段，每个阶段的时间划分和工作任务大致安排如下：

**（一）筹备阶段（2020年4—8月）**

从2020年开学伊始，学校将全面启动"特色强校，精进卓越"的建设活动，将用三到四个月的时间，建立特色项目组，落实项目推进情报组，收集资料，进行分析探讨；学校各个部门根据要求认领部门的工作任务，设计各部门详细的项目研究实施方案，明确项目目标、内容以及方法、预期成果，以及各项工作开展的时间表和任务表；确立课程的指导思想、课程标准、教学目标。

**（二）践行阶段（2020年9月—2021年8月）**

从2020年9月开始，学校以特色学校建设方案为工作指南，遵循学校年度工作计划以及各个部门的具体工作计划，有计划、有组织、有目的地落实特色学校建设的各项教育教学任务。在践行过程中，学校会根据项目进展情况以及各项工作的具体情况，调整特定项目或者具体任务，但总体的目的、精神和指向要得到落实。

**（三）攻坚阶段（2021年9—12月）**

从2021年9月开始，学校系统梳理前期建设情况，就特色项目实施过程中取得的成绩予以总结，对执行过程中碰到的问题进行新一轮的提炼，重新明确特色项目建设还有待破解的问题以及在实施过程中产生的新问题，针对这些问题集中力量进行攻坚行动。

**（四）总结阶段（2022年1—4月）**

进入2022年，学校开始进入总结期，应该系统回顾三年来特色项目建设的经验、取得的办学成绩、碰到的办学问题，为特色学校的持续提升和卓越高中的不断精进奠定坚实的基础，也为后续特色项目深化提供经验。

由于学校办学的复杂程度以及教育教学活动的高频变化，以上阶段划分和任务安排主要是针对整体规划而言，实施过程中不同工作内容要根据年度工作计划来展开，并非规划中的每项工作都按照分期来执行。

# 深圳市致理中学办学规划（2023—2028年）

为促进学校的可持续发展，更长远地谋划好学校建设过程中的各项工作，清晰学校在全市高中教育中的发展定位与办学特色，从而不断提高学校的办学品质和社会美誉度，根据深圳市和龙华区对高中教育的整体规划和办学要求，结合学校目前的办学实际情况，特制定该办学规划，后续学校将按照市区规划纳入一些九年义务教育学校，根据要求重新修改规划，此为高中校区的规划。

## 一、办学优势与挑战

### （一）办学优势

**1. 建成后学校是深圳市最大的寄宿制单体高中，具有明显的规模发展优势**

目前学校按照三个年级90个班进行规划，按照每班50位同学计算，最终学校将容纳4500名学生，这将是深圳市最大的寄宿制单体高中。面对如此大规模的学校，可以有效整合学校各种资源，既能满足学校发展的基本需要，又能满足更多学生的个性化成长需求，为学校特色办学留下发展空间。

**2. 作为新办学校，致理中学可以有计划地建设师资队伍，具有明显的后发优势**

作为新办学校，致理中学除了目前少数几位未来的校领导和筹建者是确定的，其他所有教师还需要招聘，从现有实际情况来看，这非常有利于学校根据办学特色和办学需要定向招聘教师，如重点在理科教学和科创教育领域上布局优秀教师，这充分地体现了新办校的后发优势。

**3. 根据新时代人才需要将学校定位为理科教学特色，对学校发展有明显的前瞻性**

国家在世界产业链中向上攀升的时候，对科技与科创人才的需求越发旺盛，尤其是科技企业云集的深圳，更是需要一大批优秀的科技与科创人才。将学校定位为理科教学特色，着力于培养学生的科学意识与科创能力，这对学校发展和学生成长都具有明显的前瞻性。

**4. 学校坐落在原生态的深圳森林公园旁边，拥有良好的文化生态**

学校毗邻阳台山，与森林公园相邻，具有极好的生态环境。这样的环境，一方面让学生潜心于科学知识的学习，另一方面又让学生与大自然亲密无间地接触，从而为学校营造良好的文化生态提供了不可替代的条件。

**（二）办学挑战**

**1. 新办高中学校没有教育荣誉与美誉积累，对优质生源缺乏吸引力**

究竟这所学校将办成什么样子，尽管学校有完备的构想与规划，但作为一所新办学校，致理中学还没有成功的案例，没有相关的业绩，也没有用来宣传的荣誉，这对优质生源的吸引有一定的困难。

**2. 学校短期内存在大体量师资需求，容易导致师资招聘时保数量弱质量**

根据学校每年新增30个班近1500名学生的规模增长，学校每年差不多要新进教师约120名，如果没有在师资招聘上的提前准备，尤其是对师资配备上有一定的储备，会导致学校在面临开学或者大批学生入读的情况下，不得不以先招聘到足够数量的教师为前提，从而牺牲师资队伍质量。

**3. 学校在短期内难以得到社会资源的支持，也没有深层次的学校文化建构**

学校必须深深地扎根在社区之中，只有和社区相融合，才可能得到社区的支持。由于是一所面向全市招生的高中学校，学校在短期内难以得到足够社会资源的支持，这需要学校和主管部门主动和社会机构、社区对接，将学校文化建设与社区发展融为一体。

## 二、办学定位与发展理念

**（一）办学定位**

把深圳市致理中学建设成为一所"以科创教育为特色和以和谐成长为追求的科技类高中学校"。根据国家对科技人才和创新创业人才的需求，以及高中学校特色发展的需要，学校定位为在促进全体学生和谐成长的基础上，进一步加强学生的理科教学，从而让学生能够崇尚科学精神、掌握科学方法，富有科创能力，既能用科学方法助力科学知识的习得，也能用科学知识助力和谐成长的实现。为此，我们希望学校逐步从理科强势学校转变为科创特色学校，再成长为深圳科技类高中特色学校。

（二）培养目标

学校将致力于培养"理科精进专长"和"全面和谐成长"的新时代高中生。作为定位为科技类高中的学校，深圳市致理中学将特别重视学生的理科学习，并从理科学习延伸和拓展到科创教育，真正成长为国家需要的科技创新人才。但在这个过程中，学校会更全面地考虑学生在专长与成长之间的关系，为学生全面和谐成长创造条件，提供必要的资源。在理科精进专长与全面和谐成长之间，全面和谐成长既是理科精进专长的保障，也是理科精进专长的必然结果，因为理科精进专长本身就是全面和谐成长的重要部分。

（三）办学理念

我们将"致知穷理，笃行不怠"作为办学理念。这意味着不论致理中学的老师还是同学，都需要在教与学的过程中，尽其所能地探索事物的本质，去做知识的掌握者与创新者。作为科技类高中学校的师生，他们需要在探索事物与创新知识的过程中，求真务实，积极进取，不因暂时的失败而懈怠，也不因为取得成绩而放弃对事物本质的探索和对知识的追求。为了全面落实以上的办学理念，我们据此确定"好奇、勇气、有爱"为学校校训。"好奇"是所有学习的开始，也是探索世界本原的起点；"勇气"是我们进行科学探索和开展科创活动的行动底气，不只是一种感觉，而是一种行动；"有爱"意味着爱自己、爱他人、爱祖国，知道自己所学为谁、所知为成就谁。

（四）办学文化

我们确定"诚朴为人，科学处事"为学校校风，强调学校师生要以真诚与简朴作为为人的底色，在处事时要遵循科学规律，同时以和谐的方式促进自己在知识与事业上的精进；我们确定"以教促学，以爱育爱"为学校教风，强调教的目的是促进学生学习，强调以老师的大爱去培育每位同学的小爱，通过老师在理论与实践上的进步与相互促进，实现学校教学品质的稳步提升；我们确定"严谨求学，勇毅创新"为学校学风，对应于学校对理科教学和科创教育的重视，要求我们的学生在学习过程中强化理科学习的严谨，并且勇于质疑和创新，始终保持积极进取的精神面貌。

## 三、办学要点与实施路径

### （一）立德树人与学生成长

#### 1. 学校核心价值观的树立与营造

作为以理科教学和科创教育为主导的科技类高中学校，致理中学要非常明确地提出大家掌握科学知识和养成科创能力的目的，是要为国家产业升级换代和国家持续发展贡献力量，所以学校的核心价值观是要全面落实"为党育人和为国育才"的办学宗旨，从而将学生作为科技与科创人才来培养，而不是把学生当作科学知识的仓库或者理科知识的被动接受者。

#### 2. 学校德育活动系列化与课程化

根据学校三年高中教育的需要以及在三年高中教育生活中的成长规律，学校对三年高中学校的德育活动进行整体规划，高一重立志与适应，高二重基础与毅力，高三重应用与冲刺。学校德育活动要逐步课程化，并与教学活动的课程化相协调，从而让德育活动与教学活动相匹配，让德育活动通过课程化融入学校课程体系，让学校对学生的培养方案得以充实与完整。

#### 3. 学校学生组织的建构与完善

学校在近三年内是一个逐步完善的过程，但学生成长却等不及学校组织的逐步完善，所以学校要充分考虑学生在学生组织方面的建设与需要，积极主动地建构相对完善的学生组织，保证学生在自主管理与民主管理上的有效实施。学生组织包括学生会、团委，在完善组织建设的同时，要丰富学生组织的功能，从而有效培养学生的集体主义精神，积极培育他们的组织力与领导力。

#### 4. 学生社团活动特色化与个性化

作为最大规模的单体高中学校，致理中学既要充分发挥学校规模办学优势，也要充分照顾到学生个体的个性化成长，前者要靠学校规范化与系统化的课程体系来实现，后者要靠学校以学生兴趣为导向的学生社团活动来实现。以理科教学见长的高中学校，既要通过社团活动来实现理科教学的拓展，也要通过社团活动来弥补理科教学的不足，实现学生的和谐全面成长。

### （二）课程体系与课堂教学

#### 1. 学校对国家课程的高质量实施

全面落实国家高中教育课程方案，在学科教学中对标各个学科的课程标准，是高中学校的基本职责和必须完成的育人任务。学校要组织教师系统研读国家课程方案和各学科课程标准，要结合本校学生的生源情况以及学生的学习可能性，通过对各学科大概念与大观念的整合，尽量通过单元教学、情境教学等方式，实现国家课程在学校的高质量实施，确保国家布置的育人要求得以高质量落实。

**2. 学校理科类课程的有效教学**

为了落实学校将理科教学和科创教育作为办学特色的办学思路，学校在高质量实施国家理科类课程教学任务的基础上，加强对理科类课程的拓展与改组，找到理科类课程与学校学生学习可能性的联结点，通过对理科类课程的改组来实现对理科类课程的有效教学，破解同学们在理科类课程学习上的困扰与困惑，在确保提高本校学生理科类课程学习有效性的同时，探索理科类课程的普及性学习规模。

**3. 学校教学质量的可持续监控**

教学质量就是学校的生命线，这对新办学校来讲尤其如此，学校除了重视教学质量之外，从办学之初就建立系统的教学质量监控体系，通过积点分、增值评价等评价工具的转化与应用实现对教学结果的监控，通过对教师教学关怀程度、学科作业的布置与批阅情况的调查实现对教学过程的监控，系统收集教学过程中生成的各种数据，用数据或者证据对教师教学结果和教学过程进行可持续监控。

**4. 学生的学法指导与生涯发展**

课程教学的目的是帮助和促进学生的学习，教师在做好课程教学工作的同时，要深入研究学生在学习过程中遇到的问题，利用学校和教师的研究成果，对学生学习进行方法指导，避免学生在学习上的过重负担。同时，学校要发挥学科教师在学生德育和学生成长上的引领示范作用，在课程上和学科学习中帮助学生明确自己的未来发展方向，实现对学生生涯发展的务实指导。

**（三）师资队伍建设与专业发展**

**1. 有计划有针对性地完成师资队伍招聘工作**

在区教育局的大力支持下，学校及时预估对师资队伍的数量需要、学科需要以及层次需要，做好师资队伍招聘计划，从而对学校教育教学工作的需要进行有针对性的师资队伍招聘工作。学校在招聘工作中，要严格执行教师招聘的标准和程序，确保教师招聘工作对教学质量和对学校特色办学的全面支持与保障。学校主动地开展招聘工作，确保教师招聘数量的同时实现对教师的高质量招聘。

**2. 实现校内教师间的互帮互学与互帮互助**

既然学校是一所新学校，那么师资队伍就必须具有高度的组织性与高强度的凝聚力，为学校从一所新学校向一所优质学校转变提供人力资源保证。为了达到这个目的，学校将借鉴传统学校的青蓝工程实现校内经验教师与新手教师间的互帮互学，通过学校内教师组团式教学或者教师伙伴式教学，促进教师间相互发挥自己在教学工作中的特长，从而实现互帮互补。正是通过校内教师间的互帮互学与互帮互助，实现新办学校教师间的集体有效教学与组织凝聚力建设。

**3. 针对学校教育的核心问题开展课题研究**

只有不断研究教学问题的教师，才能够既保证对教育教学工作的新鲜感，同时也能够不断提高自己的教育教学能力，这就对学校发布或者要求教师研究什么样的教学问题提出了极高的要求。新办学校需要梳理学校在不同发展阶段碰到的核心问题，结合学校教学质量提升的要求以及教师教学优化的可能性，向教师个体或者群体不断发布核心问题，从而实现教学有效性与教师专业发展的双重目的。

**4. 发挥教研组等专业共同体的组织学习功能**

在学校建设伊始，我们就要将学校的发展建立在科学研究的基础上，在理念上要相信教育规律存在的必然性和教育教学方法的科学性，在行动上要充分发挥教研组、备课组等教师专业共同体的作用，特别是他们在开展教学研究和集体备课时的组织学习功能，既起到提高学校整体教学质量的作用，也发挥学校提高师资队伍整体教学实力的功能，确保学校发展能够得到教师集体力量的支持。

**（四）组织架构与学校治理**

**1. 建立扁平化的学校组织架构**

致理中学作为一所高中，拥有超大规模但只有三个年级，甚至在前两年只有一个年级，为了提高学校管理效率，充分调动不同管理层和一线教职员工的工作积极性，学校将建立扁平化的组织架构，在规划完整的学校治理体系的同时，通过大量的相互交叉任职或者兼职，尽可能地实现决策者与执行者的统一，至少确保决策者与执行者在信息资源上的共享。

**2. 教育教学导向的学校规章制度建设**

致理中学是一所新建学校，但从她诞生的那一天开始，她就需要一个完整的规章制度以保障她有序、高效运转，避免形成从创建之日就过于依赖管理者或者个体。学校在前三年要建立相对完善的、以服务于教育教学工作为导向的学校规章制度体系，在保证学校得以正常运转的同时，能够真正实现学校规章制度对高质量教育教学工作的保驾护航，确保学校规章制度建设是以优质教育教学为导向的。

**3. 民主化的学校治理机制**

新学校的建设，要充分发挥个体的积极作用，但这种积极作用的发挥，要在学校治理机制的框架内进行，避免学校在新建过程中出现个体在专业上或者在管理上的独断。为此，学校要充分尊重和实践党组织领导的校长负责制，形成相对完善的校内决策机制，将更多的专业教师和有思想的管理人员的智慧汇聚起来，通过有效的学校治理方案和决策程度，为学校发展献计献策。

**4. 专业化的学校管理团队建设**

新学校的建设过程，就是新学校管理团队的生成过程。目前有了一个相对成熟的管理团队，但这个管理团队只有融入学校建设，才能够真正成为这所学校的管理团队。因此，学校管理团队一方面要充分发挥现有专业水平；另一方面要在建校中拓展和强化自己的专业水平，通过团队学习和工作研讨等方式，促进学校管理团队的专业化进程。

## 四、办学阶段与规划任务

这是一所学校的办学规划，也是这所学校的建设规划，前者强调这所学校教育教学功能的实现，后者强调这所学校自身建设功能的实现。正是基于对学校未来四年内双重功能的同步实现，拟将学校的办学分为三个阶段，即学校新建期、规模扩张期和成熟发展期。第一阶段强调新建期需要注意的问题，尤其是第一批学生入校后学校办学碰到的新建问题；第二阶段强调第二年和第三年学生入学后学校办学的规模扩张问题；第三阶段强调学校三个年级满员后的学校成熟发展问题。

**（一）学校新建期（2023年9月—2024年8月）**

尽管学校的硬件建设已有一段时间，但完整意义上的学校——既有硬件也有软件，既有学校也有学生的时候——从2023年9月开始，此后的一年是学校真正的新建期。这个阶段学校将完成第一批教师招聘工作，并做好学校在课程体系的建设，德育活动的系列化、扁平化以及学校组织架构等工作。虽然这个阶段仅仅是学校新建期，但更重要的任务是学校的全面规划，工作虽然只是刚刚起步，但规划却要变得相对成熟，只有这样才能够保证新建的方向是正确的，新建的起点是在科学方案的基础上起步的。

**（二）规模扩张期（2024年9月—2026年8月）**

从2024年9月开始，学校高中部每年要增加30个班和120余名教师，学校也从一个年级逾1500名同学，向逾4500名同学的办学规模转变。这个阶段外在的任务是实现学校规模扩张，最终实现学校成为深圳最大规模单体高中，但内在的任务是要实现对学校教学质量标准的全程监控，要实现学校组织架构的全面完成等一系列内涵充实的任务。因此，学校规模扩张的过程，也是学校办学内涵得以全面充实的过程，只有共同完成了形式上的规模扩张和内涵上的全面充实，学校才真正完成了规模扩张任务。

**（三）成熟发展期（2026年9月—2028年8月）**

从2026年9月开始，学校高中部已经完成了一轮高中教育教学工作，也送走了第一批毕业生，而且又一次迎来了学校的高一新生，这就意味着学校的办学规模相对固定在90个班约4500名学生，教师队伍也基本固定在360名左右。在这样的背景下，学校进入成熟发展阶段，学校办学的主要任务是持续提升办学质量，同时加强对学生学习方法的指导，促进学生生涯发展更趋成熟，着力于对学校师资队伍的专业发展和学校管理团队专业水平的提升。因此，学校在成熟发展阶段的核心任务是促进人的成熟，即学生的发展更具可持续性，教师的发展更具学术性，管理团队的发展更具专业性。

## 五、办学保障

**（一）赢得政府和教育行政部门对学校的大力支持**

作为一所新办同时也是公办的高中，致理中学最直接的任务是完成政府交办的满足深圳高中生接受教育的需求，与此同时，最重要的支持，也来自政府和教育行政部门，如对人事编制的投放要有长远规划，以免过于应急而牺牲招聘质量。为此，学校要尽量做好自己的发展规划，就不同办学阶段学校面临的任务、职责与问题，与政府和教育行政部门进行更专业、更有力量的沟通，为政府和教育行政部门的大力支持打下坚实的基础。

### （二）尽快融入深圳高中教育体系获得集体的力量

作为深圳高中教育团队中的一员，学校希望在整个深圳高中教育团队中取得良好的成绩，但这个良好的成绩并不是靠学校战胜谁而取得的，前提条件是学校要尽快融入整个深圳高中学校群体，通过与兄弟学校的相互学习，通过对集体力量的吸取，让自己变得更加强大。所以让自己变得强大的过程，就是一个融入并逐步成熟的过程。学校不仅要融入龙华区高中学校队伍，还要在办学规划的制定过程中，把自己放入整个深圳高中学校教育体系中。

### （三）扎根于学校所在社区与生态环境以获得文化力量

正如在学校办学优势分析中所言，学校坐落在原生态的森林公园旁边，这为学校建立生态的学校文化奠定了坚实的自然基础。与此同时，学校还要积极融入当地的文化生态，与当地的大学和社区机构融为一体，特别是在学校科创教育特色形成的过程中，获取这些社会机构的支持，只有这样，才能够在原生态自然环境的基础上，建立原生态的人文环境，从而促进学校的可持续发展。

### （四）通过学校与家庭共生共育促进学生和谐成长

促进学生和谐全面成长，不仅需要学校提供全面的国家课程教学，提供以理科教学和科创教育为特色的教育教学，还需要学校与学生家庭加强联系，实现学校教育与家庭教育间的共生共育。学校教育有着促进学生专业成长的一面，家庭教育有着促进学生健康成长的一面，两者可以相互促进但不能相互替代。学校也将通过家长委员会、家校合作等方式来完成上述任务，同时也希望家长能够更积极地与学校交流沟通，共同营造学生和谐、全面成长的环境与氛围。

# 5 第五章 | 素质教育提素养

# 我所理解的核心素养

最近几年，有关教学的热门话题无疑是关于核心素养的，各种各样的关于核心素养的论述很多。今天，我们不谈理论，作为一个中学数学老师，我只想谈谈有关核心素养的一些想法。

## 一、学校教育的最终目标是培养人

曾经一段时间，包括现在，许多学校把目标定为学生考上高一级学校，也就是升学，其实，升学只是一个小目标，而不是学校教育的全部。近段时间，全世界之所以大谈核心素养，我想，关键的目的在于此。那么，学校教育究竟该如何做呢？学校教育当然应该从全面发展的角度，从培养健全的人、培养引领世界潮流的公民的角度来考虑。为此，学校教育要注意以下几个方面的问题。

第一，课堂教学中，教师应该加入非学科知识的内容。教师在数学教学上适当加入数学文化、数学历史，加入股票计算等相关内容，教师也要教会学生审题，教会学生理解特殊语句的作用，有些看似该语文学科教学的内容，对数学学科同样非常重要。例如，许多学生常常把"和"与"或"混淆，这样也就理解不清楚"$2 \leqslant 3$"究竟是什么意思。其实，课堂上，许多学生都会认为"$x \leqslant 3$"是正确的书写，而"$2 \leqslant 3$"是错误的书写，究其原因是没有理解"$\leqslant$"是小于或者等于的意思，理解不清楚这里的"或"是"或此、或彼或两者"的意思。进一步深究，其实也没有理解字母代数的本质，实际上在"$x \leqslant 3$"中的"$x$"虽然可以代表一切可以代表的数，但究其本质，当"$x$"代表了2时就不能够代表3，它是不能够同时代表两个数的。这些小问题，看似是数学问题，其实应该是语文知识的问题。

第二，不能盲目增加学科课堂教学时间，教师应该多让学生离开教室，走入社会，走入生活，生活即课堂。如果我们每天都无节制地给学生加课，把学生禁锢在教室，让学生把时间都花在做题上，那么学生怎么可能有时间去锻炼其他方面的能力呢？怎么可能真正理解现实生活呢？当学生不能够很好地理解生活，不能够把生活与课堂有机结合起来，学习就没有了动力。

第三，教师应把核心素养和应试分离开。核心素养是素质教育的一个具体化，而过去在谈素质教育时就有个别教育工作者甚至个别所谓的专家把素质教育和应试教育作为对立面来谈，甚至看成不可调和的矛盾一样。我始终坚持认为，得高分不一定有高素质，但有高素质一定包含得高分，如果连考高分都做不到，怎么谈得上有高素质呢？这里有一个数理逻辑：如果我们承认得高分不一定有高素质，甚至有人认为是低素质，那么，高素质必须得高分，因为低素质都能得高分，难道还有高素质不能得高分的理由吗？因此，抓核心素养必须保证强的应试能力，因为高分仅仅是高素养的一小部分必备内容。其实，如果我们认为素养好成绩差是正常的，那么第一个不同意的肯定是学生和学生家长。当然，我们这里的高分更应该是相对高分，这里与学生的学业基础等许多因素有关，不能孤立地看。

## 二、数学教学的目标是培养学生的数学能力和数学素养

对于学科教学，教师不能太过重视知识传授，不能只重视对解题方法的讲解，更不能只是通过题海战术来达到应试的目的，何况，题海战术本身也达不到应试的目的。学科教学，应该有学科全局，而数学学科的教学更是如此。许多老师喜欢对学生进行题海训练，喜欢不断给学生总结解题规律，喜欢总结许多解题套路让学生记忆和模仿，考试前甚至喜欢猜题、押题，以期待学生能够考到高分。我认为，这些做法就违背了核心素养的要求，即便能够考到暂时的高分，也不能够永远考到高分，平时测验以及期中期末考试能够考到高分，高考不一定能够考高分。多年前，我就遇到一个这样的高中数学教师，据说他喜欢题海训练，喜欢归纳总结解题方法，给学生布置特别多作业。他也总结了许多解题套路让学生记忆，这样平时测验和期中、期末考试他班数学成绩都比其他班成绩好，所以他坚定不移地坚持按照他的做法做下去，我们怎么说他都不听，个别领导也支持他这样做。他万万没有想到，高考，他不但没有优势，

而且，他班级最高分极低。后来，他找到我深刻反省，问我为什么会这样。我说，道理非常简单，因为平时考试，命题老师喜欢用原题，用陈旧的题，你因为做得多、见得多，学生用模仿或者解题套路就能够得高分，没有真正学会如何思考问题，如何通过题目条件或者结论分析出解题方法，没有真正学会解决问题。而高考一定没有原题，需要学生分析，结果他们对新颖度高一点点的题目就无从下手了。他觉得有道理，后来他开始改变教学和作业要求方式，收到了很好效果。这次在谈及核心素养时，专家们也强调了一句，"刷题不一定能够考高分"，我想也是这个原因。

    具体在教学上我们应该如何做呢？我个人认为，数学老师要透彻理解数学核心素养所包含的内容，要有全局观念，要始终把培养学生数学能力和数学素养放在第一位，而不能够去抓细枝末节的事情。例如，七年级在学习了方程后就是列方程解应用题，各种教材都是为了好编写分成了几类，如行程问题、利率问题、打折问题、体积变化问题等。一些教辅资料更是将问题进一步细化，如有的又将行程问题细化为追及问题、同向相遇问题、反向相遇问题、送信问题、同向环形跑道问题、反向环形跑道问题、过桥问题以及过山洞问题等。这样做的结果是没有抓住问题的本质，让学生学习负担无限加重。其实，初中的有用问题，应该是采用模型思想，将实际问题通过建立方程的模型来解决，而建立方程，只需要抓住问题的本质，那就是题目所包含的等量关系，找到了所有的等量关系就找到了问题的解决的关键，所有的等量关系要么在设未知数用了，要么在列方程用了。例如，一个非常简单的应用题，一个人用29元买了单价为1.5元和2.5元的两种笔14支，问各买了多少支？这些简单问题学生可能根本不用方程模型就轻而易举得出结论了，这个时候我们一定要舍得给学生分析里面的量的关系。这里有两个等量关系，一个是总钱数29元，一个是总笔数14支。如果我们用后一个设未知数，就可以设1.5元的$x$支，于是2.5元的就是（$14-x$）支，然后利用第一个等量关系列方程，$1.5x+2.5（14-x）=29$。后面一个方程本质上是总花钱的两种不同表示方式。如果用第一个等量关系设未知数，就用第二个等量关系列方程：设买1.5元一支的笔花了$y$元，方程为$\frac{y}{1.5}+\frac{29-y}{2.5}=14$。通过对简单问题的深入分析，学生更能够把精力集中于方程模型的建立方式上。抓住了解应用题的这个关键，所有应用题都迎刃而解了。如果是细分类，学生首先就要花时间去考虑是什么类，往往有时又不知道属于哪一类，然后再按照类别去死套做法，有时甚至不知道该套哪一类，这样怎么可能把解题能力提高，怎么可能把数学能力提高呢？这次核心素养特别提到数学化，实际上就是把实际问题转化为数学问题来解决，这种转化能力显得尤其重要，在应用问题的教学中，我们必须抓住训练这种能力的机会，不能够归纳出一些莫名其妙的规律让学生来"记数学，记解题套路"等。而要实现数学化，实际上就是要学会"转化问题"，即将复杂问题简单化或者将不熟悉的问题转化为熟悉的问题来解决。这种"转化问题"的能力，在日常生活中对我们每个人来说都显得尤其重要。

数学学科的核心是数学思想方法，是分析问题和解决问题的能力，尤其是数学学科的几何学分支，学生经常会拿到题后不知道如何动手做，其中平面几何尤其显得突出。这就需要我们想办法教会学生基本的分析问题和解决问题的方法，以不变应万变的思考问题的方法，而不是套路。这里，需要我们老师抽象出相关几何问题的核心，需要抓住问题的本质。

### 三、学科教学不是孤立的，是和生活的方方面面息息相关的

现在，有的家长为了抓学习，什么事情都不让孩子做，只希望孩子专心读书，这样就能够读好吗？这样肯定不行，与培养全面发展的人相违背。人们常说，溺爱的孩子不孝顺，我不知道有多少人去寻找原因了。其实，不是他们长大了不想孝顺，而是他们不知道如何孝顺，因为家长对孩子的溺爱，让孩子从小就只知道索取，不知道为他人着想，也不知道如何为他人着想，因为没有这些锻炼，也不知道如何照顾他人，所以，他们显现出来的就是不孝顺，学习亦如此，所谓生活即学习，要在生活中学习。例如，现在学校有书法课，许多学生在书法训练时能够认真书写，但做数学作业时就对书写要求极低，甚至写的字难于辨认。再如，有的学校组织学生去敬老院为孤寡老人献爱心，学生很热情很认真，回家去面对自己的父母时却横挑鼻子竖挑眼，不愿意为父母做力所能及的家务。为此，我们要求学生在学校就必须注意一点一滴的小事情，要求学生任何地方看到垃圾都必须拾起来丢进垃圾桶，绝不允许乱丢垃圾等，只有注意了这些细节的学生才可能是高素质的。又如，有的家长总觉得孩子做作业

特别慢，觉得是作业习惯的问题。一了解，孩子在家里做什么事情都慢，上卫生间都可以半小时不出来，这些生活中的问题丝毫没有引起家长的重视，生活中家长"培养"了他拖沓的习惯，单单作业快，怎么可能？同样的，数学老师如果只注重数理训练，不注意人文关怀等，都是不注重学生核心素养培养的表现，就不可能培养出高素质的人，当然就和核心素养的培养背道而驰。

无论怎么谈核心素养，培养合格身心、健全人格、高尚品德的人始终是不变的真理，只是在这个过程中，如何结合学科核心素养，把学科的核心内容教好，让学生具有很高的学科素养才是我们共同追求的目标。

# 从相信出发，到无穷远方

我们知道，关于相信是这样解释的：认为正确或信任而不怀疑。相信源自内心深处。深信不疑的相信可以改变腺体的分泌和血流的含量，并带来其他无法用医学来解释的生理变化。同样的，相信在把它的未知电磁波从我们的内心深处传播到别人的内心深处时，会产生可观的"人格影响力"，以及其他许多我们无以名之的东西。学校在教育教学管理上必须从相信出发，才能够快速到达远方。

## 一、为什么要相信？

著名社会学家安东尼·吉登斯认为，信任最初源于人类个体的"本体性安全"需求，是对他人或系统之可依赖性所持有的信心，它在新式的社会团结的建立、社会秩序的扩展方面起着本源性、基础性的作用。我认为相信是信任的基础，相信分为相信自己和相信他人。

经典的相信自己而成功的例子：小泽征尔是世界著名的交响乐指挥家。在一次世界优秀指挥家大赛的决赛中，他按照评委会给的乐谱指挥演奏，敏锐地发现了不和谐的声音。起初，他以为是乐队演奏出了错误，就停下来重新演奏，但还是不对。他觉得是乐谱有问题。这时，在场的作曲家和评委会的权威人士坚持说乐谱绝对没有问题，是他错了。面对众多音乐大师和权威人士，他思考再三，最后斩钉截铁地大声说："不！一定是乐谱错了！"话音刚落，评委席上的评委们立即站起来，以热烈的掌声，祝贺他大赛夺魁。原来，这是评委们精心设计的"圈套"，以此来检验指挥家在发现乐谱错误并遭到权威人士"否定"的情况下，能否坚持自己的正确主张。前两位参加决赛的指挥家虽然也发现了错误，但终因随声附和权威们的意见而被淘汰。小泽征尔却因充满自信而摘取了世界指挥家大赛的桂冠。

有关相信自己、树立自信心的讨论极多，本文我们重点讨论相信学生，这里的相信更多是指日常所说的信任，根据党的十八大要求，把"立德树人"作为教育的根本任务，习近平总书记在北京市八一学校考察时强调"基础教育是立德树人的事业，要旗帜鲜明加强思想政治教育、品德教育，加强社会主义核心价值观教育，引导学生自尊自信自立自强"。在此指导思想下，各个学校都在想尽办法加强思想品德教育，加强学生素养提升，但实际上，我们许多做法却在背道而驰。例如，有的班主任喜欢在班级培养得力骨干，要求这些骨干管理同学，甚至要求个别同学私下汇报他发现的同学之中的不良言行，美其名曰帮助其更进一步了解学生，发现问题学生及时教育。我们必须重新思考这种做法的正确性，我们培养的这个骨干，是不是长大了会变成一个"投机取巧""阿谀奉承"，甚至喜欢"上访"、喜欢"打小报告"的人？果真如此，就与"立德树人"的理念严重违背了。与此同时，我们这样地监督学生，是不是表明学生是不可信任的？是不是伤害了学生的自尊心？如果我们教育工作者都从"学生不可信任"的假设出发来实施我们的教育教学行为，你认为教育教学还会有好的效果吗？"立德树人"首要的就需要诚信，我们决不能从"怀疑"出发，只有从"相信"出发，才可能得到"信任"，才能够有"诚信"。

## 二、相信能够激发学生潜能带来意外惊喜

"给学生提供锻炼的机会，不要剥夺了学生锻炼的机会"，这样的话我们经常说，但是现实生活中，不管是老师还是家长，却经常犯这种错误。作为数学老师的我，坚持30年数学作业少，不允许家长批改作业，不允许家长检查作业，在我给学生批改及讲评之前，不允许家长给学生讲解，不允许学生参加各种培训机构，家长要辅导、要指导必须在我之后而不是在我之前，为此对作业要求也相应配套，例如，我对初中学生要求，数学作业一个题目思考了10分钟做不出来就可以写"不会做"，这样保证学生做的作业都是自己独立完成的。如果一些题目学生不能够独立完成，写了"不会做"，老师真实地知道了学生情况，利于后续教学因材施教。试想，如果家长辅导或者学生照抄作业，老师看到的都是全对，对后续教学的针对性显然是不利的。正因为我调动了学生的主动性，让学生对自己的学习负责，学生的进步幅度就非常大。例如，有一个

女同学，她父亲说，小学时每天晚上他都要给孩子辅导数学，但期末考试孩子很难上90分，初中不允许辅导，内容还更难，为什么还稳定在90分以上呢？我说，道理非常简单，因为小学他愿意辅导，孩子不懂就问，本质上是不思考就问，他所谓的辅导基本上都是孩子说不会做，他就告诉孩子怎么做，并没有真正让孩子懂。其实，对于许多问题，孩子如果稍微思考就能够做出来，但他讲了，孩子就不思考了，他剥夺了孩子锻炼提升的机会。现在不能问了，加上作业量小，孩子愿意自己花时间进一步思考，许多问题就自己解决了，孩子在这个自己想办法解决问题的过程中自我学习能力得到提升，对知识也掌握得更牢固，成绩当然更好。所以，不懂就问本质上容易变成不思考就问，实际上应该是深入思考后仍然不能够解决才问。我们在学生一问就答的时候，实际上是剥夺了学生思考的机会。

相信学生能够创造无数惊奇。因为，相信使学生潜能得到激发，才能得到充分挖掘，由于学生思维活跃，当我们给他提供机会时，他们敢想敢做。例如：2019年4月底，我在深圳市南外高中做校长，学生提出想自己拍摄一个快闪，献礼五四青年节，内容是"我和我的祖国"，表达"青年要爱国"的主题；2019年9月底，学生又找我，想做一个节目"少年中国说"，因为少年强则中国强，献礼新中国成立70周年。细细想来，学生这种活动更具有震撼价值，这种学生思维大大超越了我们成人思维。

### 三、相信能够培养学生对自己的选择负责的能力

对一个人而言，决定一生是否幸福的因素有许多因素，但仔细分析这些因素，我们不难发现"选择能力"是第一重要的。例如，在可选择的情况下，我们在什么学校读书？什么班级？高中是读职高还是普高？职高选择什么职业方向？普高选择什么方向？考大学报考什么地方的学校？什么专业？毕业后选择到什么地方工作？入职什么单位？成家立业选择什么样的恋爱对象？什么样的结婚对象？可能都直接影响自己的幸福指数。这些都离不开选择。学生时代选择能力的培养，对学生一生而言无疑是至关重要的。那么，我们怎么来培养选择能力呢？在作业上培养。我们习惯要求老师精选作业，学生必须完成全部作业，其实，这里还是统一要求。我们想想，对于满分150分的数学学科，有两个同学考试成绩都是100分，我们是不是认为他们数学水平一样？我们如果这样

认为，可能就错了。通过认真分析试卷，我们发现，两个同学错的题目基本上不一样。一个同学错的全部是代数方向的题目，另一个同学错的都是几何类型的题目。如果我们统一要求，给他们统一布置作业，我们显然没有做到因材施教，这个时候正确的做法是，要求他们对老师布置的作业选择性做，允许所有学生对作业进行再选择，即他们对自己认为掌握得很好的内容可以选择不做，对完全无法解决的问题也可以不做，用更多时间把要懂不懂的问题认真解决好，与此同时，老师鼓励他们根据自己的情况，找相关薄弱环节并对其进行各个击破。2018年，我在深圳市南外高中做校长，全校强调对作业的二次选择，还学生学习的主动权，2019年高考取得了全市十大公办学校进步率第一的成绩，最近连续三年高考都创造了辉煌，这也印证了"素质教育追求的高素质，应试时也必然能够取得高分"。其实，留出时间让学生选择性学习、针对性学习，既培养了学生的选择能力还培养了学生的自学能力。

（发表于中国人民大学主办的《中小学教育》2022年3月刊）

# 数学素质教育的实践探索与反思

实施素质教育是当今我国教育的基本方针。但在仍然以考试成绩作为鉴别学生优劣及能否升入高一级学校的尺度的现实环境下，素质教育的施行举步维艰。我们曾构想并尝试既按素质教育的要求来培养学生，又能达到应试升学的目的的可行性，以便为素质教育探索一条切实可行的道路。经过六年的教育教学实践探索，我们取得了较好的成效。现将基本情况和回顾思考呈现给读者，以求共同探讨和研究。

## 一、素质教育实践探索及成效概况

### （一）初中阶段突出"减负"增效，注重全面发展

1993年起，我在西南师范大学附属中学担任初1996级1、2班的数学教师，并兼任1班的班主任。初96级共五个班，编班时生源情况（学习成绩等）基本持平。从初一起，1、2班的数学课就严格按照大纲规定的学时数进行，我没有以任何形式加过课。平时给学生布置的课外作业题均是课本（人民教育出版社数学室组织编写的《中学数学实验教材》）上的习题，我从不补充例题、习题。每学期期末复习，除课本上的复习题外，我也从一些资料上选取部分题给学生讲解、练习和测验，但均是利用课内完成，课内评讲，不占用课外时间。复习阶段课外练习题量也比其他班少。不要求学生购买课外习题资料。每学期期末，全年级都是用统一试题考试，流水法改卷。各学期期末考试成绩见表5-1（成绩来源于教务处，缺初二上）。

表5-1

| 年级<br>平均分<br>班级 | 初一<br>（上） | 初一<br>（下） | 初二<br>（下） | 初三<br>（上） | 初中升学统考（150分） | | |
| --- | --- | --- | --- | --- | --- | --- | --- |
| | | | | | 120分以<br>上人数 | 100分以<br>上人数 | 90分以<br>下人数 |
| 1班 | 71.2 | 83.8 | 80.4 | 70.4 | 45 | 79 | 8 |
| 2班 | 70.3 | 82.8 | 79.2 | 66.8 | | | |
| 3、4、5班 | 78.7 | 80.9 | 71.3 | 57.6 | 25 | 70 | 29 |

1、2班自初一下学期起成绩明显回升，开始超过其他三个班的平均分，并逐渐拉大了差距，同时一直保持全年级优生率最高。1996年全国初中数学联赛，重庆市参赛学生获80分以上共77人，西南大学附属中学初三学生中有9人获80分以上，其中8人在1、2班（每班各4人）。由于1、2班学生平时课业负担较轻，有更多自由支配的时间，学生的主动性增强，其他学科成绩也在全年级处于领先地位（详见文《从一项实验谈减轻学生课业负担的途径》）。

**（二）高中阶段坚持主体作用下的启发式教学**

1996年我继任该校高1999级1、4班的数学教师（全年级共6个班，平行编班），并兼任1班（由原初1996级1班大部分学生及少数外校生组成）的班主任。进入高中后，来自学校、家长、学生对升学率期盼的压力明显增大，进行大题量训练的做法较为普遍。我仍坚持适度性原则，总是精选习题，所用教材（人民教育出版社数学室编写的《高级中学数学试验课本》）上的习题也只选做了一半左右，而且还允许学生再选择。我允许优等生不交作业，鼓励学生对习题提供多种解法，对课堂教学形式不拘一格，一般采用问题引路，启发学生通过观察、联想分析、类比、归纳或合情推理引出新知识或获得新结论。力求运用发现法的思想组织教学活动。在解题教学中，适当加强一题多解的多向思维训练、一题多变的变题教学；以一种解题思路或以一种知识块相串的串题教学帮助学生学会自己分析试卷，学会就有关知识出一套质量较高的考试题的方法等。每周为学有余力的学生开设两课时数学竞赛讲座。在时间安排上，要求学生按时作息，每天至少锻炼半小时。高99级1班自初一到高二连续五年（学校规定高三不参加）在校运动会上取得"五连冠"。学习上也取得了可喜的成绩：在全国高中数学联赛中，1班有5名学生获得一等奖（全年级共6人，另1人在4班），其中1人进入全国冬令营。3人在全国中学数学刊物上发表论文。经过高考，1班学生全部考上大学（2人考入大专），其中大部分考入重点大学，2人考入北京大学（全校共6人），2人考入清华大学（全校仅此2人），另外还有12人考入中国科技大学、南京大学、浙江大学等名校，4班一位学生以原始分695分（数学140分）获得当年重庆市理科状元。

## 二、回顾与反思

通过六年的实践与探索，我们在贯彻素质教育精神，促进学生全面发展，提高教育教学的效益上，取得了一些正反面的经验，对全面推进素质教育有了更深的理解。现将我们的体会简要归结为以下几点。

### （一）注重情意效应，创设良好的环境情境

班级授课制不可取代的最大优势在于，能创设个别化教学所不具备的良好的学习环境氛围，这对学生身心的投入程度影响很大，特别是对心理发展处于不稳定时期的初中学生。因此，教师在初中阶段应特别注重营造宽松、和谐、有趣，并有适度竞争的课堂教学氛围，目的是激励学生积极、主动、愉快地学习，而不是在巨大的压力和逼迫下被动地学习。这样有利于充分发挥学生的主体作用。事实证明，这能有效地克服学生中常见的逆反心理和表里不一的不良现象，大大提高学习成效。但在初中阶段的教学过程中，我曾采用将班上的所有学生成绩排名张榜公布的做法，意在鼓励先进，鞭策后进。这种做法虽然也有一定的激励作用，但给一些成绩靠后的学生造成了很大的思想压力，少数学困生一度情绪低落，丧失了学好数学的信心。经发现后，我们及时加以纠正，取消了排名，并主动关心、重点辅导他们，使这些学生放下了包袱，尽其所能地学习。事实上，个体差异总是客观存在的，在群体中应当理解学困的必然性与合理性。教师对学生的鼓励和暗示永远是最重要的，心理学上的皮格马利翁效应应成为教师施教的常识。这种做法也使我们意识到自己对素质教育的理解还不够深刻，在对学生的评价标准上还没有完全摆正位置。对传统意义下的"差生"教师应以辩证的观点加以评价，多元化的社会需要各种不同的人才。学校教育的目标也应该是促进学生根据自身的条件获得最好的发展，而不能仅仅看重其学科成绩。

**（二）减负增效，留给学生足够的时间和空间**

六年教学实践最大的超越是大胆走出了"减负"这一步。教师通过布置大量的作业练习和频繁测验来提高学生解题能力只是一厢情愿的做法，其结果只能适得其反。学生学习的过程绝不是简单的"复制—粘贴"，传统的"题海战术"实质上是解题教学环节中的"填鸭式"教学，是扼杀学生思维发展和创新精神的祸首。要让学生真正成为学习的主人，成为知识的主动建构者，教师必须先给学生"松绑"，把本该属于他们自己的时间和空间还给他们。"微波炉原理"提供了重要的启示。基于这种认识，我从初一到高三给学生布置的作业练习比其他班少一半以上，但学习和应考的效果反而更好。现在回顾起来，因素虽然是多方面的，但重视解题思想方法的教学、精选习题、并把握好练习的"度"是直接原因。现在仍然有许多教师对减负心存疑虑，说到底是一个教学思想问题，是对学习心理及其规律性的认识问题。教师应该增强学生学习的效率意识、优化意识。以我这六年的实践体验，只要方法对路，既减轻学生和教师的负担，又提高学生学习质量和学习成绩是完全做得到的。在这方面教师应该"胆子再大一点"，大胆走出应试教育的怪圈。正如1999年高考重庆理科第一名刘晋在接受《重庆晚报》记者春佳采访时所说："……学校和老师都很注意素质教育方面的研究，不搞题海战术，不仅基本没订什么参考资料，而且课本上的练习题也常常未做完，老师总是从中精选有代表性的题让大家练习……包括高三都是这样。……综合素质提高了，往往就能考出好成绩。……今年的数学题出得新，侧重考查分析、解决问题的能力，如果过去搞题海战术，这次就不灵了。"

**（三）不预习下的启发式教学**

针对高中学生思维发展已处于由具体抽象思维向形式抽象思维转化的阶段，我采用了不预习的启发式教学方法。采用这种方法的初衷是想尝试发现式教学。那么为什么不要求学生预习呢？或者说希望学生是在不甚了解学习内容的情况下上课呢？我们的理念是，课堂教学不只是为了传授既成的知识，更重要的是激发学生的学习兴趣，培养学生自主思考的良好习惯和善于探索创新的思维品质，发展学生的综合素质和能力。而后者首先应体现在教学过程中能把学生的高级心理活动充分调动起来，这需要教师的循循善诱，需要为探索和建构新知营造一个良好的思维情境。而现今的教材基本上仍是陈述式的知识结构体系，也就是说，教材信息是一种呈储存状态的知识信息，它不如经过教师设计加工后的呈输出状态的信息更易于唤起学生的好奇心和求知欲，进而开启学生积极的思维活动。学生的预习往往会造成先入为主的心理态势，内容的新鲜感、探索的欲望和思维的力度均会受到一定影响。教师精心设置的悬念也常流于形式。一些采用发现法教学的课例，也常因为学生预知内容而使其效能大打折扣。简言之，实施启发式教学的条件常常被学生的预习所削弱，而不称其为真正意义下的启发式教学。因此我们明确要求学生课前不预习，甚至上课开始一段时间也不要翻开书本，集中注意力于课堂教学活动过程中。这种要求虽然不一定能被完全执行，但不同程度的学生能根据自己的实际安排学习也是符合因材施教原则的。关键是让他们理解教师的意图和要求，杜绝"记忆加模仿"的学习方式。这种方法使学生在养成良好的思维习惯，发展探究创新的意识和能力上受益很大。

篇幅所限，以上只就几个主要方面介绍了一些基本情况和我们的点滴体会。我们所作的探索还是很初步的，有待进一步深入学习，再实践提高。多年的教学实践使我们深感推进素质教育的重要，也感到实现这个目标并非遥不可及。我们愿与数学教育界的同人共同努力，为在我国早日展现素质教育的宏伟蓝图而竭尽绵薄。

（《数学通报》、《数学教育学报》、数学哲学委员会和数学科学方法论联合评比一等奖。2001年8月16日无锡数学创新教育全国会议大会讲演，刊于《中学数学研究》2001年第9期）

# 关注个性特长，促进素养提升

"双减"，是要减轻中小学生作业负担和校外培训负担，五项管理是手机、睡眠、读物、作业、体质管理。我们认为还要加一条，就是学生课余时间管理，让学生学会安排自己的课余生活才是我们最应该教会学生的。

## 一、提升课堂教学质效是关键

"减负增效"，提升学生综合能力，增强学生核心竞争力是学校办学的关键，对学生及家长而言，最直接的就是考试成绩要提升，这是质量标准第一条，我们不能唯分数，但学校教育不能没有分数，而这一点是完全能够做到的，教师通过整合教材提升课堂教学效率，学校通过加强单元整合教学，提升学生学科核心素养，保证提高单位时间的教学效率和学生的学习效率，保证学生通过学习所获得的知识和能力有明显快速提升。

教师必须把作业差异化区分，对于学困生，注重基础题目的落实，对特别优秀的学生单独布置研究性题目让其深入思考。

## 二、满足学生个性需求是突破口

"双减"政策背景下，学校在对学生过重的课业负担做"减法"，学生课余时间更充足了，需要设计促进学生全面发展、健康成长的"加法"。

作业量减少了，学生有时间了，学校相应配套强调差异化发展学生特长，在延时服务上，学生在各班教室自主完成作业及复习，有各科教师到班答疑辅导，相当于第九节课，学生可以有以下选择，但必须先选择并登记在册明确执行：①在教室做作业及自习；②在图书馆阅读；③在操场锻炼；④直接放学回家。教室和图书馆有学科老师答疑辅导，操场有体育老师指导训练。其中，周三下午两节课是全校学生的社团活动。

为了确保"双减"工作方案有效落地，学校行政关注每一个学科、每一位教师、每一项作业：发现问题，及时调整改进；发现典型做法，及时交流分享；发现工作亮点，及时梳理提升。为了及时了解各学科当天的作业内容、作业形式与作业时长，教务处利用信息化手段，搭建了学科作业在线填报平台，每位老师将当天所布置的作业填报到在线平台。这是一个开放的平台，全体教师都可以通过平台了解全校各班级、各学科所布置的作业情况。教务处还建立了教学工作周反馈机制，每周汇总课堂教学、作业布置、教研活动等情况，编辑教学简报。

学生有了更多的课余时间，我们要设计更多供学生选择的方式，在今天这个更强调突出个体专长的时代，如何通过课程设计激发学生兴趣，并把简单的短期兴趣转化为可以一生追求的志趣？以玩游戏举例，学生要设计出自己的游戏，就要主动学编程，主动去自学许多相关知识，查阅相关资料，更为重要的是，激发了学生学习的热情，培养了学习的专注力，自然他们的学业成绩也相应提升了。

语文学科积极探索大单元教学，向课堂要质效，语文组转变观念，大胆实践，通过开展大单元教学，避免某些内容的简单重复，形成系统性教学思维，精准突破教学重点和难点，提高课堂质效。节约了课堂时间，课本作业也可以在课堂完成，学生开始从繁重的课业负担中走出来，他们的自主学习、个性发展有了最切实最基本的保障。与此相呼应，语文组老师们利用社团及课余时间，引导学生释放生命活力，发挥个性潜能，展示出别样的风采。

## 三、张扬教师个性是动力源泉

在学校教育中，教师与学生是统一体。我们必须像关注学生学习负担一样，高度关注教师的工作负担，让教师始终精力充沛、积极向上。

落实"双减"政策，减轻中小学教师负担，还要从教育教学工作任务、专业发展需求、职称评选、工资待遇、心理健康等多方面考虑，从制度设计层面，切实减轻教师的工作负担，这在一定程度上可以改善教师的生活质量，缓解教师的生存压力，让教师教得其所，能够安心从教、舒心从教。

对于"弹性上下班"，学校可以采取早上晚点到校、中午早点回家休息或者无课的教师的下午早点回家，甚至将老师们的时间累积，冲抵临时的事假时间的办法。这样可以保证相关教师能够得到补充休息与调节，确保教师的身心健康，让教师有充沛的精力投入教育教学活动中。与此同时，通过"请进来"和"走出去"的方式，加强教师业务能力提升培训，让老师更优秀，才是学校发展的关键。我们强调"双减"政策下，"提质"至关重要，课堂质效对"减负提质"起决定性作用，从实际出发，我校强调没有全校统一的课堂教学模式，希望教师们根据自身性格特点、特长，结合学科实际，创立属于自己的个性化课堂特色品牌，以此涌现一批教学科研名师，成就全体学生，塑造松坪学校的名校品牌。

## 四、学生健康成长是终极目标

"双减"政策在一定程度上减轻了学生的作业负担，学生在家自主支配的时间多了，与此同时，对学生的时间管理能力、学习规划能力、自我控制能力提出了新的要求。开学初期，我校通过微信平台公众号、幸福家长大讲堂等途径加强与家长的沟通，引导家长尽量多地陪伴孩子、帮助孩子养成良好的在家自主管理业余时间的习惯。

学校关注学生体质建康水平。开学之初给每个班主任发了《运动改造大脑》这一本书，除了加强学生在校体育锻炼，我们还为了保证学生每天校外运动一小时，创造性地推出了"学生'2+1'体育居家运动挑战赛活动"，所谓"2+1"，即每个学生每天需要在家完成2项规定的体育运动，1项自选的体育运动。为了充分调动学生参加体育运动的积极性，学校采取学生挑战赛的形式，专门设计了实时上报平台，学生通过这个平台，在家长的监督下，上报校外体育运动数据。每个学生既可以看到自己日常的运动记录，也可以了解自己的运动量在班级、年级、学校所处的位置，同时，学校教务处联合体育组定期举行周冠军、月冠军、学校运动小达人等评比表彰，全面激发学生运动兴趣，切实提高学生体质水平。

［刊发于《广东教育》（师道教研）2022年第三期］

# 精准分析与定位，培养有担当的优秀学生

2017年2月12日到3月4日，我参加了广东省名师工作室主持人美国培训学习之行，听了13个高质量讲座，深入10所学校进行了深度学习。

## 一、懂规矩、有担当，才可能是一个好学生

我们聆听了明尼苏达大学多位教授的有关学校管理方面的讲座，以及到学校听课，跟有关教师及学校管理者进行了比较详细的沟通，详细了解了美国教师的培训与管理方法，也进一步了解了学校对学生管理的方法。

第一，美国教育确实存在比较自由的一面。例如，上课时，学生可以自由进出教室，自由上厕所，也可以自由离开座位去拿自己需要的学习用品，但这些自由是有许多前提条件的，这些自由绝不能影响他人的学习，不能影响老师正常上课。第二，大部分学校都有很严格的规定。例如，如果学生违反相关规定，校长有权决定让这个学生离校一年，学生可以考虑回家学习，或到培训机构学习，或到外州愿意接收他的学校学习，一年后学校通过考查确认学生有进步才允许他回校继续读书。当然，这个决定不是校长一个人做出的，而是管理学校的校务委员会决定的，一旦决定了就必须执行，如果家长不执行，学校可以通过法律途径强制执行。这个规定没有盲目地保护未成年人、保护学生，而是要求学生必须对自己的行为负责，与此同时，也只有对学生严格要求，才能最大限度地保护学校的学习环境和学习空间，才能使绝大多数学生的学习生活得到有效的保障。

所以，在学生犯错的问题上过于宽容，对学生的后续发展是不利的。我们应在《中华人民共和国义务教育法》及《中华人民共和国未成年人保护法》的基础上，尽量锻炼学生的责任意识，培养学生敢于担当的精神。不要因为学

生年纪小就不提应有的要求，而应该大胆地提出一些他们能够做到的要求。其实，纵容学生犯错误，甚至在学生犯错误后也不批评教育，让学生在错误的道路上越走越远，这才是对学生最大的伤害。

## 二、教育研究要善于用数据说话

著名心理学专家克里斯汀博士主讲的讲座，内容是同伴互助学习策略研究，他详细讲解了对2～6年级的学生采用同伴互助学习下的阅读指导的具体方法及研究过程，最后给出结论：授课教师在严格按照专家给出的操作方式实施16周后，结合自己的体会与理解，在核心内容不变的情况下结合师生特点进行适当改变的效果最好。这里不能改变的核心内容是：最初10分钟阅读不能少，10分钟概括不能少，打分激励不能少，每次35分钟以上。这是经历了长时间的研究和大量的统计分析后得出的结论，而且对比实验的特别之处就在于更注重研究的准确性和科学性。另一场由凯拉·瓦尔斯特罗姆博士主讲的讲座，主题是"学校领导力研究以及对学生学习的影响"，也是在统计分析了大量优秀学校后得出结论：信任（Trust）、关心（Caring）和支持（Support）是学校成功的关键，也是影响学校领导力的最重要的三个因素。

以上两个结论都是在大量数据分析的基础上得出的，说理充分，所得出结论的过程严谨。更为重要的是，研究者在研究中通过不断调整研究角度、各个元素来进行对比研究，最终得出有用的结论，然后再实践再研究，始终将研究与实践有机结合，利用数据分析来调整研究方向与研究结论。其实，我一直以来也特别认可对比研究在教育教学改革中的作用，在20多年的教学改革探索中，始终注意对数据的分析与整理，从中发现更好的教学改革方向以及课堂教学方式，收到了很好的效果。大数据时代，我希望更多教育研究者能够充分利用有关教育教学统计数据进行定性和定量分析，为教学改革提供更好的方向，绝不能简单地"跟着感觉走"。

## 三、准确区分学生，为精准教育提供保证

西奥多·基督博士的讲座是关于阅读与数学能力测评方法的。他是明尼苏达大学应用研究及教育优化中心主任，除此之外，他还是一个教育测评公司的技术主管。他的这些身份使得他的研究接地气、实用。讲座中他谈到，教师

需要从学习能力、情商等各个方面准确区分学生，为精准高效的教育提供有力的保障。

首先，关于不同类别学生的教育及转化的循环问题。他们经过统计发现，80%左右的学生是有正常学习能力的，约15%的学生能力较弱或者有问题，约5%的学生可能有很大问题。他们抱着变化、循环的观点来帮助困难学生，让他们通过特别帮助后，具备和普通学生一样的学习能力。而且他们注意到，原来在80%里面的个别学生，也可能会滑向15%甚至5%，于是，他们把测评和监控始终进行下去，用辩证的观点看到学生的现状，相信学生（包括身体或者身心有缺陷的学生）是可教育的，是可变化的。

其次，关于评价标准的制定。他们前前后后花了30多年研究，考虑到测量使用的实用性，他们还在不断改进，最后以一个简单的分数呈现，并且能够按照这个分数直接把被试学生按照能力分类，为后续教育教学奠定基础。为了教师使用方便，他们还开发了简化版本，方便每周测试，测量也分级进行。这些既方便又不会浪费太多时间与资源的做法，值得我们借鉴。

他们始终用科学研究的方法来研究教育教学，对学生进行准确测评，准确区分学生差距，为后续教育教学提供更精准的决策参考。这些本来就是学校管理者和教育行政部门应该做到的，只是他们做得比较到位和普及而已。我早在2000年就开始研究并实施分层次走班教学，在实施过程中不断分析利弊，观察学生成绩及行为习惯的改变情况，分析管理的难度与效果。如今我在深圳市第二实验学校进行了进一步的改革，以班级教学与部分学科走班小分层的方式进行教学，德育上开始实现学生三级自主管理，成立了学生议事庭与学生自治会，逐步实行了晚自习学生自主管理，无人监考班级的申报等系列配套措施，通过系统实施全方位改革，已经收到较好的效果。

总之，当代教育工作者，一定要充分利用现代技术，利用大数据精准分析学生及各种教育教学改革的方法的效果，筛选出最佳方法；同时，全方位分析学生情况，准确定位学生，利用分层次教学与分层次要求，力争找到对每个学生的最佳培养途径，培养有责任意识、敢于担当的优秀当代中学生，这是我们应尽的职责。

（该文刊发于《广东教育》2017年第8期）

# 科创发展创特色　以课为本育桃李

百年大计，教育为本。教育是提高人民综合素质、促进人的全面发展的重要途径，是民族振兴、社会进步的重要基石，是对中华民族伟大复兴具有决定性意义的事业。我校是南山区教育局直属的公办寄宿制高中，办学以来，始终秉持"让每一个生命都精彩绽放"的育人理念，坚守"德育为先，五育并举"的办学目标，旨在通过精致化的学校课程体系，精准实施教学模式，精心打造教育活动，精益求精地完善管理规程，将学校打造成一所以"课程精致、教学精准、教育精心、管理精益求精"为办学特征和以"人文和科创教育"为办学特色的新时代精品高中，为国家和社会培养兼具"文通世界"和"理明自然"能力的新时代卓越高中生。历经十几年的沉淀和发展，学校办学成果显著，先后获评深圳市教育改革领跑学校、深圳市教育改革先行示范学校、深圳市课程特色示范学校等荣誉，冯大学校长被评为深圳市年度教育人物；2018年广东省名师工作室落户南外高中，2020年深圳市劳模创新工作室授牌，迄今共有深圳市名班主任工作室等"五育"教研工作室15个；2018年至2020年，学校高考综合实力以及中招录取分数线持续攀升，稳居全市前列，办学质量实现新的飞跃。种种荣誉，印证了我校已真正成为一所信息化、国际化品牌学校！

## 一、深耕细作，通过特色课程创新助力优质教学发展

特色办学是学校旺盛生命力的彰显。为此，立足学校课程，我校将"人文和科创教育"作为办学双特色，构建"国家课程、拓展课程、特色课程"相结合的"三层N向"课程体系，既注重全面发展的核心素养又充分发挥学生的兴趣与特长。国家课程强调校本化实施和全面落实；拓展课程旨在培养学生学科深度学习能力和跨学科的实践创新能力；特色课程以人文课程和科创课程为

主，旨在前瞻性地培养学生的国际理解素养和科技创新能力。一直以来，我校着力提升国家课程校本化的实施品质，全面提高学校准确实施国家课程的能力，高质量完成国家课程的育人任务，认真落实提升核心素养的有效措施，有序开展国家课程校本化实施工作，针对学生的学习可能和学习需要，实施弹性化的走班制、分层化的导师制，精准提供培养学科思维品质发展的辅助措施。

此外，我校组织研究国家课程的新课标、新教材和新教法实施落地的教科项目，加强质量管理。例如，教改实验班的数学、物理、化学、生物等学科都由相应学科教师依据国家课程标准，并结合科创人才培养目标来实施校本课程教学。博士工作室开发了《像数学家一样思考——数学史与数学文化概述》《中学生学做科研》等启发式课程；物理组开发《高中物理中的电子设计》探究式课程；英语组通过国家级科研课题开发出《英语电影听说分级教程》《伟大原著阅读精析》等体验式课程……这些校本课程，极大地提升了学生的思维力和实践力。

拓展课程的延伸注重拓展学科学术类课程或学科生活类课程，注重学生学术能力培养或应用性训练。为此，我校构建满足不同需求的拓展课程体系供学生选择：一类是专家老师指导的精品学术类拓展课程，如语文的"潮生"文学社，设置了文学鉴赏、写作、辩论、戏剧课程，英语的同声传译课程，信息技术的机器人课程，体育的垒球课程等；另一类是特色社团课程，如深受学生热爱的rap、摇滚，茶文化、无人机等。同时，依托腾讯智慧校园标杆示范校的优势，我校大力建设了一批集项目合作、个性学习、团队展示、讨论交流、实验探究等功能于一体的超级教室，搭建了我想、我有、我行的"我行我秀"学生展示平台。在"小课题研究—小教师讲堂—STEM大赛—强基计划延伸课程"培养实施模式中，用多层次的"秀场"让学生体验、展示和获得荣誉，既锻炼了教师能力又拓宽了名校录取途径。

## 二、多措并举，立足学校丰厚资源培养德智优秀人才

为探索拔尖创新人才培养途径，我校成立六大学生发展指导中心，形成了"大师引领、名师指导、国际合作、个性化培养"的培养模式，为学生张扬个性、发展特长、完善独立人格奠基。六大中心依托清华、北大教授和新秀教师

资源，立足于学生的实际需要开展指导，帮助学生在表达能力、写作能力、创新能力、逻辑思维、学科竞赛等方面得到系统的训练和显著的提升。同时，学校建立"优才计划"培养体系，设立理工科创教育实验班、人文教育实验班、清华北大示范实验班、艺体美劳特色实验班，立足国家课程，围绕"强基计划"，开设相关课程及拓展课程，选拔培养有志于服务国家重大战略需求且综合素质优秀或基础学科拔尖的学生。以化学科组为例，目前学校化学科组既有以提升动手实践和实验探究素养为目标的化学爱好者社团，也有由北大博士后领衔打造的化学竞赛辅导课程。此外，我校的创客中心大力开展针对"核心能力课程培养体系"的创客教育，结合创新教育、体验教育、项目学习等思想，采取"玩中学""学中做""做中创"的特点，以课程为载体，融合了物理、数学、信息技术等各学科知识，培养学生创新、动手、实践能力，凸显了学校科技教育特色。为激发学生潜能，规划学生生涯发展，我校成立生涯发展指导中心，以"培养学生为自己的将来负责"为目标，挖掘学生潜能，尊重学生个性差异，融合各级资源对学生进行系统化的专业指导，在对学生生涯规划能力进行培养的同时注意培养学生职业理想，引导学生进一步树立远大理想，从而明确学习目标、激发学习动力和增强学习信心。

我校还成立了思维培养中心，通过"逻辑学通识课""高中学科逻辑提炼""演说与辩论训练""门萨俱乐部"以及"科学史的天空"五大板块的内容，帮助同学们系统地提升自身的思维能力，让学生们不仅可以更轻松地应对高中各学科的学习，更能将凝练出的智慧用于今后的学习和生活中，成为"爱思考、常思考、会思考"的南外人。

我校的写作与沟通训练中心，秉持"沟通能力与思维能力并举、全面提高学生口头及书面表达能力"的理念，通过生动、多样、有效的沟通、演讲、写作训练，提高学生的写作表达能力、沟通交流能力，并着重训练学生的逻辑思维和批判性思维能力，实现将价值塑造、能力培养和知识传授等目标贯彻和融合。国际教育中心以"世界观、民族情、中国心"为原则，开设全球化背景下中国的定位、角色与责任认知的特色国际素养教育课程，培育学生爱国价值观的认知、认同与践行。搭建与国外友好学校的多元人文交流渠道，共同参与游学项目以及公益实践项目，培养学生在全球顶尖高校学习必备的全球合作与竞争的良好素养。

### 三、放眼未来，坚守育人初心，绘就品质教育宏伟蓝图

教育是一门既深且远的学科。立足学校文化、课程建设，为了培养社会综合人才，我校紧紧围绕立德树人根本任务开展工作，在创新人才培养、艺体美劳教育等新时代党对教育的新要求具体落实上进行综合改革。首先，做好"德育为先，五育并举"的顶层设计，搭建"一项课程渗透五种教育，五种教育指向同一目标"的鲜明特色课程体系。我校德育处充分利用中华传统文化与南山区优秀企业家精神的文化资源，并与社会实践、课题研究等多种实践手段相结合，开展读好"无字书"德育实践活动，践行文化自信。团委开发了服务社会弱势群体的慈善公益项目"公益微电影大赛""慈善音乐会"和"国学公益课堂"等项目课程，弘扬社会公益的创新精神。其次，强化对学生自主管理的指导，推进学生自主管理的科学化进程，依托"德育走出校门"校本课程，在社会实践中锻炼学生创造、执行、表达等能力，全面提高学生自律意识和整体提高学生自主管理能力。艺体科创教育方面，我校实施了"普惠+精英"创新人才培养模式，创新创客培养机制，开展创新创业课程、创新实践、校企合作、创业孵化等活动，打造高中与高校、企业联合培养创新人才的实践基地，鼓励学生创造社会价值和实现个人梦想。推行艺体教育"导师制"，为学生量身定制健康成长与艺术发展方案。依托智慧校园和体育导师，我校还实时监测学生动态和静态健康数据，培养适合学生体质的两项体育技能；同时实施导师分项选修的美育课程，开设以审美和人文素养培养为核心、以创新能力培育为重点、以中华优秀传统文化传承发展和艺术经典教育为主要内容的公共艺术课程。在劳动教育方面，我校把握新时代劳动教育的基本思路，开展日常生活劳动、生产劳动、服务性劳动。学校开发感知社会分工和社会责任的校本课程，开展校园模拟"上岗"劳动教育。学校依托南山区尤其是深圳湾的生态资源优势，扎实开展劳动实践、社会调查和生态公益。我校紧跟时代步伐，借助南山区高新企业优势资源，开展现代科技条件下劳动实践新形态、新方式的体验课程。

教育，就是精神的唤醒、潜能的显发。它尊重、赏识每个个体，致力于对学生能力、品德等各方面素质的全面提升，服务于个体健康成长，滋养每一个生命。经过十几年的建设，我校已在特色办学的路上渐行渐远。今天，既

是我校展示办学成就的契机，也是我校继往开来、开始新征程的起点。面对前路，我校将继续以人文和科创教育为办学特色，以课程创新和学校管理为抓手，借厚积之力，承求索之精神，志存高远，弘毅笃行，唱响南外教育高亢的时代凯歌。

# 自主管理：彰显优秀品质

## 一、自主管理，从立德树人开始

记得三个月前的今天（2018年9月3日），我们南外高中在这里举行了隆重的开学典礼，我在开学典礼上的讲话是"追求精致，创办精品"，全面推行学生"自主管理"，三个月过去了，我对同学们的表现是满意的！我为同学们感到高兴与自豪。

今年（2018年）9月10日，习近平总书记在全国教育大会上发表重要讲话，强调培养德智体美劳全面发展的社会主义建设者和接班人。习近平总书记指出，培养什么样的人，是教育的首要问题，强调以坚持立德树人作为根本任务；在如何培养社会主义的建设者和接班人的问题上，习近平总书记强调要在加强品德修养上下功夫；在努力构建德智体美劳全面发展的目标上，特别指出要在学生中弘扬劳动精神，通过教育引导学生崇尚劳动、尊重劳动、热爱劳动、投身劳动，践行劳动是一种美德的道德理念。

请同学们思考一下，我们为什么在今天如此强调立德树人，如此强调思想道德建设，如此强调劳动的重要性？我要求我们的孩子在学做事之前，首先要从中国的传统美德中习得道德认知，在学习生活中践行道德理念，让自己成为一个受人尊重的人。

## 二、自主管理，从细小处落实

《道德经》有云："天下难事，必作于易；天下大事，必作于细。"今天，我们强调自主管理，更需要我们从细小处落实。

**（一）尊重劳动，爱护校园**

白居易有诗云，今我何功德，不曾事农桑。诗人曾把劳动作为衡量功德的重要标准。今天我们的校园劳动发端于有效的自我管理，尤其是在课堂之外，我们要做到卫生不留死角，提高我们的劳动态度与技能；要做到作业工整，提高我们的书面表达能力；要做到被子叠整齐，养成我们良好的生活习惯；要爱护校园环境，营造优美的学习生活环境。总之，我们要从一切生活的细节开始。世界上怕就怕"认真"二字。做事情一旦认真，你就变得优秀起来。其实，我们会发现人与人之间会有素质的差异，这种素质的差异体现在学习和生活各个层面的细节上。例如，在校园内看到地上的垃圾随手捡起来，自觉维护好走廊、教室内的整洁，从我做起确保教学区域的安静。所有的细节加在一起，就形成了我们南外高中的学生素质。

**（二）谦卑做人，礼貌做事**

成为受人尊重的人，关键态度是"谦虚"。我们常说，越是优秀的人，越是谦卑。因为谦虚的人知道自己不是万知万能的，知道自己的观点并非唯一有效可行的选择。这个世界很大，换位思考的反思能力、谦虚的态度和旺盛的好奇心，会带领我们走得更远。在日常生活中，希望同学们礼貌对待师长和同学，主动向他人问好，对人友爱宽容，善于换位思考问题。

## 三、自主管理，重在行动

同学们，我们提倡的自主管理，当然是在老师积极引导下完成的，目的是帮助每一个南外高中的学子成为一个优秀的"自主管理者"，具体包括三个维度上的自主：能自主照顾好身体和安排好生活作息，能自主管理情绪，能自主学习。

自主管理是基于学校对同学们的信任。目前，我们主要是从以下四个方面实施。

**（一）我的品德，我要求**

当我们参加会议时，知道要准时入场，中途不能随便讲话，也不该离座，因为这是对台上主讲人和周围观众的尊重；当我们在上课的时候，知道要认真听讲，不能肆意胡闹，因为这是对讲课老师的尊重；当我们和同学们相处的时候，知道要真诚待人，不能随便给同学起外号，因为这是对同学的尊重。孟子曰，"爱人者，人恒爱之；敬人者，人恒敬之"。希望同学们在与师友的互动中成为受人尊重的人。

**（二）我的学习，我规划**

教师力求精讲精练，留给同学们足够的时间，让同学们有时间及精力去"自主选择学习"，既要发挥自己的个性特长，也要学会自我查漏补缺。希望每个同学都能够取得长足进步。

**（三）我的健康，我负责**

希望同学们认真规划自己的健身计划，劳逸结合，拥有强健的身体。每次我早到校，总能够看到同学在操场晨跑。据我所知，高一（7）班有许多同学坚持晨跑，请同学们为这些晨跑的同学鼓掌！希望大家能够做到"文明其精神，野蛮其体魄"，确保有强健体魄实现"我的未来，我做主"。

**（四）我的学校，我做主**

我希望同学们积极参与到学校的管理中来，真正成为学校的主人。运动会，同学们自己当裁判；学校大型活动，同学们自己策划组织。最近，体育部提出举办班级篮球比赛，我指导他们修改好方案后立即执行。前几天，他们提出要举办足球赛，我也同样批准。只要同学们的建议是合理的，有利于同学们身心健康的，我都会在老师们的进一步论证后根据情况批复，不批准也将说明理由。校长午餐会已经陆续进行了快一个月，这也是同学们参与学校管理的一种方式。学校还有许多需要管理的地方，需要同学们积极参与，我希望同学们积极建言，做力所能及的事情。与此同时，我希望同学们在提建议时务必实名制，因为尊重和信任是相辅相成的。

今天，我代表学校邀请同学们给学校的楼宇命名，我们学校有实验楼、教学楼、体育馆、宿舍楼和图书馆。请同学们本周之内给楼宇命名，实名制交到学生处黄老师处，我们将从中采纳最理想的名字。

同学们，自主管理能力是一个综合有机体，是个大课题，我相信在我们全体教职工的引导下，同学们各方面能力一定能够得到超越性提升，成长为真正的德智体美劳全面发展的时代精英。

# 6

第六章

心得鼓励
促成长

# 发现式教学法应用于新课标教材教学的实践与反思

布鲁纳指出"用自己的头脑亲自获得知识的一切形式"都可以称为发现学习。课堂教学下的发现学习不局限于对未知世界的发现，更重要的是引导学生凭借自己的力量对人类文化知识的"再发现"。在布鲁纳看来，发现学习就是在学校条件下，引导学生从所见的事物的表面现象去探索具有规律性的潜在结构的一种学习途径。

发现式教学法是基于布鲁纳的发现学习而提出的，通过教师的启发引导，学生运用已有的知识和经验探索发现获取新的知识、发现新规律、解决新问题、掌握新方法、形成新思想的学习活动的一种教学方法。发现式教学法的程序是：铺垫设疑、探索发现、讨论总结、实践应用。铺垫设疑就是以旧引新，为学生创设探索的情境；探索发现就是执旧索新，学生运用已有的知识和经验自主探索，发现新知识；讨论总结就是结构更新，也就是学生建构新的认知结构，同化新知识，更新原有认知结构的智力实践活动；实践应用就是学生运用获取的新知识、形成的新思想、掌握的新方法，探索解决问题，在解决问题中再探索、再发现，在实践应用中创新。实施发现式教学法往往要求学生通过探索的过程来发现（学习）新知识，为此，往往不能让学生先预习。

对发现式教学法的实施，教师要有充分的准备：首先，要对整个初中和高中的教学内容和教材非常熟悉，对教材所涉及的各种知识和能力要非常清晰；其次，要了解学生的具体情况，设置适合学生的问题情境；最后，适时点评或引导学生，对学生有价值的想法要及时鼓励，当学生的思路偏离目标太远时要启发和引导学生回到正确的道路上来，以保证课堂的顺利进行，即要有相当的课堂驾驭能力。在具体教学中，往往是以提出问题让学生思考或讨论为开始，以学生或老师的总结为结束。为了避免对学生思维的束缚，学生一般情况下不预习，教学时学生在探索阶段前不使用教材，以保证按照预期的目标进行探索。在教学设计时，往往不能单纯以课时设立教学目标，不能完全规定具体的一节课要完成什么具体的内容，而以单元或阶段长时间段为目标，具体的一节课可能会不够完整或不能按照计划完成；为了保证学生的情绪，千万不能随意拖堂，要注意看学生是否很投入，防止学生因没有参加课堂活动而影响效果。

　　我于1993年起在重庆西南大学附中较系统地实施了"不预习下的发现式教学"的探索，取得了满意的实验结果，发表相关论文10余篇。1999—2002年在深圳高级中学的3年教学，发现特区孩子更活跃，更喜欢求新，但吃苦精神不够，采用发现式教学法的探索也许更有价值。从2002年开始，我随着新课程改革进行了"发现式教学法应用于新课标教材的教学"的实践与探索，从初一到高三共进行了6年。本文总结第一轮实验的心得，希望与同行进一步探讨。

## 一、可实施发现法教学的几个阶段

### （一）通过实验或者操作实施发现式教学

　　实验或者操作往往能让学生在直观上发现问题和总结出有意义的结论。例如，在初一学生学了"切一个几何体"后的一次提高课上，我拿出一个圆台型的几何体（我是用白萝卜切成的几个不是十分一样但基本相似的圆台型），分组让学生探索一刀切下去，切面可能会是什么形状的图形，并在草稿纸上画出草图，各组推荐代表介绍他们的切法，在黑板上画出各种图形，然后，我再当面切开进行对比和点评；各组学生介绍完后，我进行了切法方案总结，提示合理的思考方法。对部分学生画出了类似双曲线、抛物线型时，大加鼓励，告诉学生这实际上已经是高中后阶段要学习的内容了，学生既有兴趣，又有成功的喜悦，获得了数学学习的自信，对学生的后续学习无疑是有促进作用的（后来一个学生冯学玙高二参加全国高中数学联赛，进入冬令营，并获得金牌，保送到清华大学数学物理基础科学实验班学习）。我们需要注意的是在这里要对思路进行合理化的梳理，让学生获得恰当的数学活动经验；对学生凭直觉猜测是什么形状，但由于知识和能力的原因却不可能说出具体像什么，我们需要对学生的探索结果进行鼓励和深化。

**（二）在概念和定理教学中实施发现式教学**

凡是能够通过归纳总结出来的结论，包括概念和定理等，都可以在教师创造条件下实施发现式教学，解题教学（包括课本上的例题）都可以让学生先想（发现）解法，教师需要做的是在学生出现问题时加以恰当的引导和告诉学生如何规范书写，而实际上，新课标的初中教材本来就弹性很大，更多的是关注思想方法，对解题的规范书写没有要求很高，这样对实施发现式教学更有利。同时，我们特别要注意的是，在发现式教学时，学生的语言更多的是感性的、形象化的，而不是规范和准确的，教师既要注意发现闪光点给以肯定，又要注意逐步让他们规范化。例如，在学习三角形全等的判断时，我先通过实例告诉学生什么叫两个三角形全等，然后让学生根据定义探索归纳出决定全等的关键是什么，在学生猜测的基础上统一为"能够确定三角形"，最后学生探索出了三角形全等的各种判断方法，他们的叙述是直观和形象化的，我只需要把他们的叙述规范化。在此基础上我进一步要求学生思考如何证明。后来有不少同学想出了证明方法，这样，效率又高学生又容易掌握。

再如，在讲解了九年级下册课本的定理：垂直于弦的直径平分这条弦和平分弦（不是直径）的直径垂直于弦后，我让课后学生思考：同圆的两条弦的垂直平分的交点是什么？能否做一个圆同时过一个三角形的三个顶点？能否做一个圆同时过一个四边形的四个顶点？结果，有不少学生在学习"确定圆的条件"一节之前，就已经了解相关内容了。

**（三）在整理知识或解题后的反思中实施发现式教学**

我们知道，数学解题教学中应该强调学生的反思，在反思中学生更容易提高解题能力，这种能力已经超越了单纯的解题。例如，在讲解了等腰三角形的两底角相等的证明后，我提问学生，有没有不用辅助线的证明方法，出乎意料的是，有学生也很快想出（即发现）了与原西南师范大学已故陈重穆教授在GX教材上给出的$\triangle ABC \cong \triangle ACB$（SAS）的好方法。再如，在介绍了直角三角形的斜边上的中线等于斜边的一半后，我要求学生思考证明，学生想到了在直角三角形$ABC$中，过直角顶点C作$\angle BCD = \angle B$交$AB$于D，得到$BD=CD$，再由$\angle ACD = \angle A$得到$CD=AD$，从而得到D为$AB$的中点，且$CD$等于$AB$的一半的证明方法，而且对当时的学生来说确实是一个创举，是一种很好的证明方法的发现。

### （四）在复习课中实施发现式教学

并不是复习课就不好实施发现式教学，有时的复习课或者习题课用发现式教学可能还更有用。例如，在高三复习时，我在课堂中针对高中立体几何和初中平面几何的类比问题提出：在初中我们知道，不共线三点决定一个圆，请同学们思考，不共面四点是否共一个球？同学们提出了许多想法，最初是认为有的情况下共球，有的情况下不共球，最后大家一致认为共球，给出的解决方法有的用到了空间解析几何的方法，大部分用的是纯几何方法，最简单和漂亮的解法是设四点为A、B、C、D，三条线段$AB$、$AC$、$AD$分别有一个中垂面，这三个中垂面显然不平行，且它们两两的三条交线交于一点，该点到四个点的距离都相等，即为球心，故四点必共球。这虽然花去了一节课的时间，但对训练学生的思维和巩固相关知识是非常有用的。

## 二、初中阶段突出减负增效，让学生体会发现的乐趣

2002年9月我接手初2002级1班的数学课教学，由于我已经担任部分管理工作，故只教一个班。我们和深圳的其他学校一样，采用的是北京师范大学的九年制义务教育教材，从初一起，1班的数学课就严格按照大纲规定的学时数进行，没有以任何形式增加学时。平时我给学生布置的课外作业题均是课本上的习题，不补充例、习题。每学期期末复习，除课本上的复习题外，我也从一些资料上选取部分题给学生讲解、练习和测查，但均是利用课内完成，课内评讲，不占用课外时间。复习阶段课外练习题量也相对较少。我不要求学生统一购买课外习题资料。把更多的精力放在了课堂上，我想尽办法让学生在课堂活动中积极参与，并想尽办法让学生体会发现的乐趣，需要注意的是，针对初中的特点，教师一定要多用肯定和鼓励的语句，有时甚至可以适当夸大，目的是让学生觉得发明创造距我们并不遥远，从而更有信心。当然，也对由部分学有余力的同学组成的课外兴趣班每周额外上2课时的竞赛培训课。

## 三、高中阶段坚持减负增效，在适度性原则下继续发现式教学

进入高中后，来自学校、家长、学生对升学期盼的压力明显增大，进行大题量训练的做法较为普遍。为了保证实验的正常进行，我仍坚持适度性原则，仍然把主要精力放在课堂，仍然坚持让学生在课堂中发现新结论和新方法，同

时，我总是精选习题，所用教材上的习题也只选做了一半左右，而且还允许学生再选择。对于配套练习册学生可以选择性地做，允许优等生不交作业，我鼓励学生对习题提供多种解法。在平时的解题教学中，我适当加强了一题多变的变题教学、以一种解题思路或以一种知识块相串的串题教学；指导学生进行一题多解和多变的多向思维训练；帮助学生学会自己分析试卷，学会就有关知识出一套质量较高的考试题的方法等。每周我仍然为学有余力的学生开设2课时数学竞赛讲座。

## 四、成绩概述

布鲁纳认为，培养学生发现的技能，不仅有助于学生对所学的知识进行有效的组织，有助于其运用所学的知识解决问题，而且有利于提高学生的思维能力，实现发现学习。这样，学生的应试能力会变得更强，下面的数字也能够印证这种情况。

初中阶段，虽然义务教育不好对比，但每年深圳市都有数学竞赛，从我的学生进入全深圳市前10名的人数可以见证：初一1人，初二3人，初三6人，高一8人（全部集中在由我教学的初三学生升到高一的1班，仍然由我教数学）。

由于多方面的原因，学校于高二开始就重新调整班级，将1班和11班调整为最好的班级。我改教11班，其中有7名学生从1班调整到11班。

表6-1是两个班的分班成绩和高考成绩的对比。

表6-1

|  | 1班 | 11班 | 老1班<br>43个理科学生 | 1班到11班的7人 |
|---|---|---|---|---|
| 分班成绩<br>（100分） | 80.49分 | 78.49分 | 81.25分 | 83.50分 |
| 高考成绩<br>（150分） | 128.3分 | 128.9分 | 129.9分<br>（5人不低145分） | 137.14分 |

广东省高考年报显示，全省数学超过145分达到5人以上的学校仅两所。

## 五、思考与探讨

### （一）注重情意效应，创设良好情境

发现式教学给了学生许多表现的机会，容易让他们体会成功和优越，对激励学生有帮助。事实证明，这有利于充分发挥学生的主体作用，大大提高学习成效。对待学习成绩较差的学生应该予以理解，只要求他们与自己的过去比较，能在自身条件下尽量做好我们就多表扬。事实上，个体差异总是客观存在的，这种差异对一个多元化的社会来看具有必要性与合理性。教师只有从理性上认识到这点，才能从感情上接受他们。而教师这种感情上的平等对后进生可以产生很大的激励作用。例如，2008年毕业的高三11班，考艺术院校的何冠燊，高一数学测验经常在50分左右，但在高考中考出了110分，以总分高分考上了中国传媒大学摄影系。

### （二）不预习下实施发现式教学

我采用了不预习下实施发现式教学的方法，采用这种方法的初衷是想实施真正的发现式教学。我认为实施发现式教学的条件常常被学生的预习所削弱，而不称其为真正意义下的发现式教学。因此，我明确要求学生课前不预习，甚至上课开始一段时间也不要翻开书本，上课时也是以问题引路，为学生搭建认知平台，在学生积极思考问题回答问题的过程中，自然地引出新概念或发现新命题。有时学生的思路或提出的问题出乎教师的预料，而且确有探索价值，我也让学生充分讨论，真正把思维主动权交给学生，不去刻板地追求完成当堂课既定的教学任务。这种方法使学生在养成良好的思维习惯，焕发学习的主动精神，发展探索创新的意识和能力上受益很大。

当然，当不采用发现式教学时，有时预习会有利于教学，教师在课堂上给出时间让学生先看书，然后再讲解，这样也比学生课前预习效果更好。

### （三）并不是所有内容都用发现式教学

当然，并不是所有内容都用发现式教学，有些传统内容还只能用传统的讲解法教学，有时要先讲解后发现。例如，前面讲的三角形全等，要先告诉学生概念，然后再让学生去发现判断定理。再如，统计方面的有关内容，大部分是一些规定方法，学生虽然可以先提出自己的看法，但最后还是应该以讲解要求和具体的规定为主。对无法用发现式教学的内容，我们先让学生看书，以归纳

讨论的方式让学生指出重点内容和注意事项，然后再总结和进一步深化。

应该说，中学的大部分内容都可以采用发现式教学，只是我们需要注意切入点，需要始终注意我们的发现并不是真正的发现，而是学生的再发现，既然如此，我们就要始终带着赏识的眼光去看和评价。与此同时，我们并不要求每节课都实施发现式教学法，而是要求教师尽量创造条件实施，目的是真正把思维的主动权交给学生，要求教师要有充分的准备，及时调控。重要的是使学生养成良好的思维习惯，让学生积极参与到课堂中，让他们喜欢学数学，焕发学习的主动精神，发展探索创新的意识和能力。

由于学生惰性和班级教学中学生差距的存在，教师要随时鼓励和督促这些学生，要有意安排机会让他们表现，不要让这部分学生受到影响。

我们始终想在具体的实践中推进素质教育的实施，我们认为实现这个目标并非遥不可及。

（该文发表于《数学教学通讯》2010年第4期第1页，2013年获得深圳市第二届教育科研成果二等奖）

# 全面实施发现式教学法的实践与反思

　　初登教坛，我是在农村中学，按照教育前辈们的教学模式指导学生课前预习、课堂笔记、课后练习、复习考试。但很快，我就发现对课前预习，学生并不能够按照老师的要求去完成，缺乏质量感。经过一段时间的摸索与反思，我发现传统的预习指导有明显不足：首先，预习使学生上课时已知教学内容，没有新鲜感，缺少激情与激趣，反而影响了教学新异情境的创设。其次，提前预习，使学生提前知晓了章节所学内容的结论，影响了学生主动探索和发现的欲望，抑制了学生思维活动的展开，不利于启发式教学的全面实施。

　　由于工作调动，从1993年开始，我在重庆西南大学附属中学较系统地实施了"不预习下的发现式教学"的探索，取得了比较满意的实验结果，创造了西南大学附属中学中考高考传奇式的辉煌，发表相关论文10余篇。1999—2002年在深圳高级中学的3年教学，结合特区孩子更活跃、更喜欢求新但吃苦精神不够的特点，我继续探索发现式教学法。从2002年开始，我在新课程改革的要求下，如火如荼地进行了"发现式教学法应用于新课标教材的教学"的实践与探索。

　　我认为：中学数学的大部分内容，都可以引导学生自己去发现新结论和发现解题方法，都可以在老师创设的教育条件下实施发现式教学。当然，这里的发现是指学生自己的思考与发现，并不是科学实验中的发明创造。但即使不是科学发明与创造，但对学生而言也是属于他们本人的思考与发现，能促进学生学会思考和养成思考的习惯，最终体验到发现学习的快乐与激情。

　　发现式教学法是基于布鲁纳的发现学习而提出的。实施发现式教学法往往要求学生通过探索的过程来发现（学习）新知识，为此，往往不能让学生先预习。

关于具体的操作和效果，我写作的论文《发现式教学法应用于新课标教材教学的实践与反思》中已经有比较详细的阐述，这里还想做一些补充说明。

## 一、调整家长和学生的观念，争取最佳的配合

在具体实施中，我明确给学生和家长提出的要求是：①上课前不预习，老师没有要求的情况下不翻看书本。②不赞成到校外辅导机构学习，提倡有问题自我思考解决，思考后不能够解决再问老师。③对不会做的作业不允许问了后写好来交，可以写"我不会做"，不允许家长帮着检查作业的正确性，以便让我准确地知道学生掌握的情况，作为调整后续教学根据，同时也迫使学生加强自我检查能力的培养。从实施来看，家长都非常愿意配合。

## 二、重心是关注学习过程，培养学习习惯

从初一开始实施，往往会有一个艰难的过程，学生刚刚从小学大包大揽过来，学生和家长都可能不适应，老师要帮助学生树立信心，对学生学习成绩而言，开始的第一年或者前半年，学生数学考试成绩往往没有进步甚至会更差，这个应该不难想象，多做题肯定短期考试效果好，但最迟从一年后开始，成绩往往会开始提高，然后突飞猛进，更为重要的是，这样培养3年或者6年的学生成绩会非常出色。我在西南大学附属中学初一到高三，创造了学校的辉煌，1999年8月开始在深圳高级中学初一到初三教了3年的学生，在2005年高考中，有17人高考800分以上（全校18人）。我2002—2008年从初一到高三，所带学生在高考中更是为学校创造了辉煌，11名学生被北大清华录取，大部分是我初中的学生或6年的学生。

2015年9月到2016年1月，我在深圳市高级中学初中部任教初一7班数学，我继续坚持自己的"发现式教学法在初中数学教学中的实践研究"的教改实验，并进一步加强学生的自我管控和自我提高的能力的培养，由于方法得当，从成绩来看，入学考试班级30分以下有9人，期末考试没有40分以下的同学了（满分都是100分）。虽然还有5名学生成绩没有达到60分，但他们已经取得相当大的进步了，由于加强了自学能力的引导，尖子生的自我反思能力大大提高，他们的成绩也大幅度提高，也正由于此，该班平均分在年级排位逐步大幅攀升。2016年2月我调入现在深圳市第二实验学校做副校长，中途因为其他老师怀孕请

假，我接手一个初二年级班级，通过延续我的教改实验，同样取得突破性的进步，尤其是尖子学生在期中和期末考试中成绩都大幅度攀升。

### 三、把时间还给学生，让学生自主探索、总结和提升

传统的"题海战术"是扼杀学生思维发展和创新精神的祸首，最终结果必然适得其反。为此，我专门做了轮回对比实验，根据具体情况撰写的论文《从一项实验谈减轻学生学业负担的途径》获得重庆市论文比赛二等奖并发表在《中学数学》上。对于发现式学习，教师必须给予学生充足的时间，让他们在探究中总结，在问题解决中提升学习兴趣。

### 四、欣赏学生的发现，激情、激趣，切忌越俎代庖

在发现式学习中，作为教师，我们谨记，教师的发现并不是真正的发现，而是学生的再发现，既然如此，我们就要始终带着赏识的眼光去看和评价。目的是促使学生养成良好的思维习惯，让学生积极参与到课堂中，让他们喜欢学数学，焕发学习的主动精神，发展探索创新的意识和能力。

### 五、关注全体学生，教学方式多元化，保证齐头并进

少部分不自觉的学生学习习惯或成绩会变差，老师需要特别注意，对这些学生，要更具体地监督检查，逐步引导他们学会看书学习以及自我总结提高。同时，并不是所有内容都用发现式教学，有些传统内容还只能用传统的讲解法教学，当不采用发现式教学时，有时预习会有利于教学，在课堂上教师给出时间让学生先看书，然后再讲解，这样也比学生课前预习效果更好。由于学生惰性和班级教学中学生差距的存在，教师要随时鼓励和督促这些学生，要有意安排机会让他们表现，不要让这部分学生受到影响。

今年（2016年）3月，我带着我的教学改革思路，参加浙江大学组织的"中国名师大讲坛"上示范课，受到老师们的热烈欢迎，我将上课的设计及思考写成论文《一次教学展示课的教学及思考》，论文已经被中文核心期刊《数学教学参考》采用，刊登在2016年第12期上。非常荣幸的是，由于这堂课良好的共鸣性，2016年10月，浙江大学相关领导多次要求我再去上课并作讲座，受到听课老师及现场专家的充分肯定，我也是唯一一个两次都参加的上课老师。

从初登教坛的专门的数学教学岗位，到现在的学校行政岗位，我始终坚持在具体的教学与教育实践中推进素质教育。这就要求我们广大数学教师必须转变教学观念，更新教学手段，精心设计好每一节课的教学方案，给学生创造一种能主动探究问题、主动获取知识的宽松、和谐的学习氛围和学习环境。发现式教学法的思想正好体现了这种需求。我坚信，在传统的接受式教学法的基础上，在数学教学中融入发现式教学法，让学生在接受的过程中多启发，发现的过程中多参与，两种教学形式互补共存，就能达到教与学、启与发的和谐统一，也将成为新一轮课程改革中的热门课题。

# 对上课的思考：老师上课应该注意什么？

### 一、对上课的思考：年轻老师上课应该注意什么？

年轻老师上课，有优势，那就是和学生容易亲近，更容易理解学生，但年轻教师往往对教材的把握以及对课堂的把控能力不够，对学生能力的理解不够。因此，年轻教师在备好课后，应该严格按照备课教案来上课，课堂上不能随心所欲地更改教学内容，不能想当然地发挥，哪怕是拓展，因为一定的发挥很可能就走偏了方向。例如，一次听课，一个老师上字母代数，在教学过程中涉及找规律的问题，他讲着讲着，可能觉得找规律的问题学生掌握得不好，同时可能觉得也很重要，于是，他不断举例讲解找规律的问题有些什么好的方法，结果整节课都在讲找规律了，下来后我和他探讨上课问题，他把教案给我看，教案其实写得很清楚也很不错。这就是典型的年轻教师因为不能很好地把控课堂，没有严格按照教案做而上错了主题的一节课。年轻教师的课堂把控能力还不够好，所以，最初几年，最好的办法就是认真备课，想清楚各种可能出现的情况，写出详细的教案，然后严格地按照教案上课。

记得我最初工作的时候，应该是在工作的最初10年，我都认真写教案，而且，教案旁边要留旁白，每个教案后面还要留空白。因为数学老师肯定要教两个班的数学课，于是，每次按照教案上完第一节课，我会立即思考上课中的问题，马上在旁白中写出来，力争下一节课上得更好。两节课上完以后，我会再次反思，并写出简单的教学感想，如果有需要调整的想法，我会在反思中写出，当然，这些旁白和感想都是简短的，通过这样的反思和积累，进步就非常明显。此外，各个学校都在搞年轻教师培养计划，即师徒结对，我想告诉年轻教师的是，要多听师傅的课，听他对教材的把握，对重点难点的突破，对课堂情况的把握。听后多思考，多对比自己的所作所为，找差距，找准学习的切入点。同时，还要适当听听其他老师的课，多学学各个老师的优点，再结合自己的性格特点以及自己的长处和短处，找到能够最大限度发挥自己优势的上课方式方法。因为，每个人都有自己的特点，你完全吸取你的师傅的教学优点后，也许你会发现，你并不完全适合你师傅的教学风格，同时，我们还要注意弯道超车，我们如果完全和师傅一样，可能根本没有办法超越或者说没有办法形成自己的独立的教学风格。

对于年轻数学教师，我还想强调的是，面对各种各样的数学问题，千万不要轻易去看解答，一定要自己做，不会做题的人一定不会讲题，按照答案讲题很难讲出题目的精髓，因为各种各样的习题给出的答案一定是把思维过程省略掉，最重要的是往往不会讲如何思考，在思考中会出现什么样的问题，于是，我们就很难讲出真正的思维的关键，也不能够发现学生思维受阻的根源。一次，我听了一个优秀的高三老师复习数学归纳法证明，在讲解中他讲到了关键是如何证明$n=k+1$时成立，也就是如何在归纳假设的基础上证明后续结论的成立，讲到了各种各样的问题以及问题的解决办法。看来是做足了功夫的，但，我当时在听课时就认真观察了学生的问题，发现学生真正的问题是如何从$n=k$过渡到$n=k+1$，这个过渡过程中左边和右边的项究竟是如何变化的搞不清楚，而这一点正好老师没有强调。这样教学学生收获当然不会很大。

我毕业不久，搞数学竞赛，当时资料非常少，在讲一道例题时，我先认真做了题目，做后发现与原题给出的解答不一样，然后我认真思考发觉原解答有错误，用了一个错误的结论，后来进一步思考，给出了一个很特别的证明，为此写出一篇论文并在当时的县数学学会交流，交流中，得到一批老教师的肯定，被评为第三名。后来在他们的鼓励下，我进一步思考、优化，写出一篇论文《有限点集构成凸多边形的条件》发表在《数学教学通讯》上。

这也是我的第一篇论文，该文给出了几何证明的一个特别解法，而且后来还被一些老师引用，这对我认真研究数学教学鼓励很大。后来，在教学中，在讲解解三角形时（当时解三角形是在初中，现在在高中），发现知道两边及一角求解三角形大家习惯用正弦定理，我发现用余弦定理更好，并且就解决当时的教材例题，也是余弦定理更好，于是写出《用余弦定理解一类斜三角形》刊发在《数学教学通讯》1994年第3期上面。可见，讲题之前先做题不仅有利于讲题，也可能有许多意外收获。这样教学，自己进步大，再应用到教学之中，再把有关过程给学生讲解，学生受到的启发也会特别大。

这篇文章强有力地说明了用余弦定理解决这类问题远比正弦定理好，但实际上，现在的大部分高中教材还是用正弦定理，大部分高中老师还是要求学生用正弦定理。

## 二、对上课的思考：成熟老师上课应该注意什么？

许多老师喜欢留存备课本，也有许多宣传说某某老师留了多少个备课本。当然，作为资料留存或者作为成果留存，我觉得无可厚非，但，我在想一个问题，这些老师是将原来的备课本拿来直接用呢还是修改一下用呢？不管哪一种方式我都认为不够好。如果直接用，显然不好，因为每届学生不一样，他们的知识积累，所处环境可能都发生了很大变化；如果修改来用，也不好，因为无论如何修改，总逃不出原来的框架或者说原来的思路。我认为最好的办法是，每次完全重新备课，不受原来思路的影响，确实觉得需要参考原来的上课再把老教案拿来看看。重新备课有几个好处，最大的好处应该是你可能自己能力已经提高，对课堂所讲内容有了新的理解，还有随着课堂改革的深入，你可能对课堂教学方式的理解也不一样了。你如果总想利用过去的教案，必然受到制约、受到牵制，不利于新的理解的应用。还有就是学生的不一样，即便是同一所学校，随着时代的变迁，学生情况也是不一样的。所以，教师一定要重新备课。

对于成熟老师，我还想说的是在备课时应该是框架性的，不能够像年轻老师那样备详案，尤其是在强调"课堂生成"的今天，对课堂进程进行过多预设显然是不恰当的。备课应该是设想各种可能，备思路、备主题、备思想方法。课堂上和学生充分展开双边活动，充分调动学生积极思考，让学生参与到课堂中来。成熟老师可以考虑将教材进行重组，真正做到从学生实际出发。我在对初中数学的探索三角形全等的条件进行教学时，就对内容进行了大幅度的重组，收到很好的效果。

# 在危机中育新机　于变局中开新局

## ——2020年教工大会讲话稿

亲爱的老师们：

到南外高中工作的729天里，我深深体会到学校的华章日新、砥砺奋发。特别是我们一起在新冠疫情期间的并肩作战，共同度过招生和备考的峥嵘岁月，我更是对不惧风雨、敢闯新路的南外高中人有了更深的认识，对守土有方的行政和级科组长们有了更深的了解。

回望来路，"轻舟已过万重山"；眺望前方，"一山放过一山拦"。

两年来，我也感受到了学校管理队伍有时候"浅尝辄止、浮于表面"，工作不精细，效果质量不如预期，教师队伍中部分老师"暮气沉沉、被动应付"，工作缺乏责任感和热情，没有竞争意识，以致学生队伍出现"坐井观天、一叶障目"的现象，看不广、看不远。

老师们，在日前公布的深圳市高中学校建设规划中，南山区没有新建及大规模扩招计划，这就意味着南山区高中在人才引进和硬件保障上无法拥有较大的政策倾斜；而今年（2020年），从广东省实验、深圳中学等省级名校到红岭中学、科学高中、育才等学校都是我们的竞争对手，他们空前的全方位宣传力度对南外高中是极大的冲击。所以，无论是学校管理改革，还是高考与中招质量，我们都应该意识到我们必须拥有"等不起"的紧迫感、"慢不得"的危机感、"坐不住"的责任感。

接下来，我要向全校教职员工谈四点要求与期望。

## 一、校领导秉承先锋作用，与同事共向前

校领导传承"身居其位，当仁不让"的担当精神，凭借"知责奋进"的工作作风与南外高中同心同德。

首先，关于顶层设计。今年（2020年）1月，我代表学校向区委书记递交了《关于加强南外高中硬件建设与内涵发展的申请》，希望借助区委区政府的支持在硬件建设和内涵建设上持续发力。老师们可能还不知道，就在本周，学校多番争取的三个科创实验室终于"千呼万唤始出来"！这对学校全面实施"优才计划"，为学生提供创客支持提供了保障，是极大利好！

另外，我校的办学规划是"面向全市录取优秀生源的全寄宿高中"，所以，我向上级申请将学校西北角0.7万平方米划为幼儿园建设用地或者建设高层宿舍楼，解燃眉之急，确保办学条件满足社会对我们学校提出的要求。

当然，在新的竞争格局中，要在内涵发展上寻求突破，唯有通过"内培外引"强化师资队伍，我会力争不断优化学校高层次人才的引进工作制度，也一定会重用这些人才，形成"引才爱才用才"的良性运转，绝不允许任何人凭个人喜好来安排老师们的岗位。

其次，关于干部任免。为担当者"遮风挡雨"、为实干者"加油鼓劲"、为失误者"导航引路"，这是我和郑校长的工作原则。不让老实肯干者吃亏，不让夸夸其谈者占先，不让投机钻营者得利，真正让想干事、肯干事、能干事、干成事的干部脱颖而出。接下来，我跟郑校长要进一步打造干部队伍的团结、合力，杜绝"各自为政、貌合神离"。我自问是讲原则、有正气的校长，绝不会出现"是非不分、混沌不清"的处理意见。在此，我重申行政队伍纪律，请全体干部本着实事求是的态度、闻过则改的胸怀来对待我的批评，学校关于干部队伍"从严从实"的作风建设一定会"趁热打铁"深化整改整治。同时，我要通报一个情况：根据扩编实际，学校行政岗位将会启动新一轮的增补和换岗。

最后，关于师生建议与意见。我来学校第一天就说过大家可以直接约我当面提建议，当然必须是利于学校发展的，杜绝为了一己私利而牢骚满腹。并且，我多次明确表示必须刹住学校老师私下议论"家长里短八卦的歪风"，整治谣言中伤，尤其是传播有损学校社会声誉言行的现象。

我向在座的全部同事呼吁，我们都是高级知识分子，不仁之事不为！不正之风不染！我希望大家：少一些戾气攻击，多一些理性探讨；少一点浅层宣泄，多一些深层思考；少一些利己算计，多一些规则观念。

当然，也有一些好的做法值得赞扬，如昨天地理组王利祥和马金平建议把四个地理老师错开排满一周的晚修，感谢你们为了学生的发展考虑！

## 二、管理队伍秉持"咬定青山不放松"的实干作风，以激浊扬清与领导决策同向同行

### （一）关于中招宣讲

校长室直接领导各部门主任、各级科组长们团队作战，从1月开始，前后修改12稿的宣传册，修改10稿的PPT，5场学校自己策划的直播、4场线上宣讲、3场现场宣讲、40多篇推文，无数个与家长的微信动员，地铁公交车的海报、各初中的宣传展板、各媒体的投放，还有正在策划的本周日直播，招生工作组从1月31日至今，没有休息过一个周末。兵法有云"不和于国，不可以出军；不和于军，不可以进战；不和于战，不可以决胜"。每一个行政干部必须"善始善终"抓好跟进落实，建立南山区初三全覆盖的台账。同时，干部必须动员每一个南外高中人有"苟利社稷，不顾其身"的担当，踏准"时来天地皆同力"的节拍，多途径宣传学校。

### （二）关于高考备考

虽然名义上是教学处主抓高三备考，但各科组长也应积极地谋划出力，就连尚未入职领工资的毕业生都能主动答疑辅导，干部和科组长理应制定详细的高三备考安排，年度要有安排、月月要有计划、项项要有落实。对5月25日龚湘玲主任的新高考培训，做了笔记的干部和科组长请举手，拍照PPT的人请举手。我们的管理者要多学习，不然如何了解新高考？"问渠哪得清如许，为有源头活水来"，希望从今天起，你们能做勤于学习、精通业务的教育管理者。

我们这一年备考留下了多少过程性记录的资料？我们的学生反映离高考最后30天不敢不写作业，因为除了写作业，不知道怎样复习，因为手里除了各地的模拟题，没有任何有价值的个人自主学习资料；我们的高三老师不知道新高考形势是"重视题干信息"而非冷门模拟题的"质疑题干"；我们的老师是否一味地总结这个模板、那个模板，而从来没有给学生现场演绎"我如何审题、

答题"；我们的干部居然认为特优班英语均分128分是此次模拟考试最大的亮点；我们的干部居然没有"铁面无私"的检查督导，没有"铁石心肠"的责任追究。

### （三）关于干部执行力

目前，学校处于新旧体制的转换期、管理运转的磨合期、思想感情的融合期。一直以来，我的要求是干部必须有"新官要理旧账、现官不欠新账"的锐气，"明知山有虎、偏向虎山行"的胆气，"逢山开路、遇河架桥"的豪气。可是，有的人讲究客客气气，对下级顺着、宠着，对上级捧着、迎着，对同级哄着、抬着，只讲私情不讲原则，追求表面的和气、一时的平稳，所以很多工作都无法推动。在此，我提出要求全体干部不搞先表扬、后建议，不搞避实就虚、言之无物，不搞只摆现象、不查本质，不搞一团和气、你好我好，不搞穿靴戴帽、虚晃一枪。南外高中必须营造"力戒空谈，马上就办"的务实作风，必须发挥"敢叫日月换新天"的精神，善作善成"抓落实"。

## 三、教师队伍常葆"一枝一叶总关情"的赤诚情怀，以实事工程与南外学子同频同振

### 第一件实事：立足本职，练就过硬专业本领

依托"三会三师"教师成长平台，制定个人发展目标。例如，评学校、评市里的教坛新秀、骨干教师、名教师，参加百花奖比赛，参加教师基本功大赛，参加命题比赛。教师不能局限于发表文章和做课题，课题和论文是建立在大量实践反思的基础上的。老教师和中青年教师，要享受于工作目标如何实现的步步探索中，而不是陶醉于小成即满的"成绩单"；要享受于教学难题如何化解的层层推进中，而不是陶醉于过往成就的"当年勇"；要享受于严峻挑战如何把握的渐渐熟练中，而不是陶醉于过去写下的"功劳簿"。在座的新教师们，是否有"昼无为，夜难寐"的状态？还是安于现状？全体教师又是否研究过新课标、新高考，静下心来写写教学反思？上课是否脱离实际地"大水漫灌"？负责一点的老师给学生制订成长计划，有跟进落实吗？还是一厢情愿地"帮蝶破茧"？或者罔顾规律地"揠苗助长"？本着对学生负责的态度，大家都应脚踏实地地从头开始，学习一个专题、研讨一个问题、升华一次思想。

**第二件实事：德高为师，要锤炼高尚品格**

最近学校开始推行凭票就餐制度，为什么？因为学校要遏制"舌尖上的浪费"，以及教工餐厅超量的打包外带、咖啡屋的浪费与污染。今天，我想请老师们懂感恩，珍惜工作岗位。想一想南外高中对你们的帮助，希望从今天开始，老师们都有"知畏"的清醒认识，有"知足"的安稳心态，有"知止"的行为规范。心怀感恩，心存敬畏，坚持业绩立身。

## 四、新南外人践行"只留清气满乾坤"的价值追求，以制度保障与正气清风同伴同随

学校正在大力推行制度建设，明确部门主任、年级长、科组长、备课组长的职责，完善行政会议事制度，要求所有提议必须配套有实施方案，实事求是地说，推进实际工作，开会、发文、报表、督查等都是重要手段，我来到南外以后，已经最大限度地减少会议、严控部门发通知，但大家必须意识到"减负"与"增责"的关系。南外人的任务不是轻了，而是更重了；不是简单了，而是更复杂了；标准要求不是低了，而是更高了。

风云变幻，最需要的是战略定力；竞争激烈，最重要的是激流勇进；迎接挑战，最根本的是改革创新。我们的德育管理在创新，学校成果宣传在创新，干部队伍管理在创新，师资建设在创新……一切愿景只有在实干中才能实现，一切机遇只有在实干中才能把握，一切难题也只有在实干中才能破解。

"纸上得来终觉浅，绝知此事要躬行"，所有成就都源于一个微不足道的开始，希望各位同事们能仔细思索我今天的话，想干出成绩，想家庭美满，想生活进步，都离不开"不畏浮云遮望眼"的格局和"风物长宜放眼量"的远见，不接受新事物，势必会被时代所淘汰，成为边缘人。

最后，请大家拿出"千磨万击还坚劲"的拼劲、"不破楼兰终不还"的干劲、"乱云飞渡仍从容"的韧劲，打赢今年的高考和中招质量战！相信我们南外高中一定能在全体教职员工的努力奋进之下，开创属于学校的新的高度和辉煌！

# 让"五四"精神在建设新南外高中进程中发扬光大

## ——"南外高中好青年"表彰活动发言稿

今天，我们举行"南外高中好青年"表彰活动，是为了深刻领会习近平总书记给北京大学援鄂医疗队全体"90后"党员回信的精神，动员全校青年师生大力弘扬"五四"精神，厚植家国情怀，为"迈上新台阶、建设新南外高中"贡献智慧和力量。

首先，我代表南外高中党支部，向全校青年师生，致以节日的问候！向受到表彰的"南外高中好青年"，表示热烈的祝贺！

今年（2020年）1月，学校创建了引领教师可持续发展的"三会三师"活动；3月，为探索拔尖人才培养新模式，学校成立了学生发展指导中心。在两项大型活动中，师生代表围绕在校学习、工作、生活，提出了很多宝贵意见，充分显示了师生爱校、为校、护校的主人翁精神。

在此，作为校长，我向你们表示衷心的感谢！

1919年，广大青年学生为了国家的救亡图存，开展了开启中国革命新纪元的五四运动，诞生了"爱国、进步、民主、科学"的五四精神。101年来，青年师生积极投身于中国革命、建设、改革的历史进程中，弘扬以爱国主义为核心的民族精神和改革创新的时代精神，在振兴中华的历史洪流中谱写了一曲曲感天动地的青春乐章。

2019年4月30日，在纪念五四运动100周年大会上，习近平总书记勉励青年"要保持初生牛犊不怕虎、越是艰险越向前的刚健勇毅"。2020年3月15日，习近平总书记给北京大学援鄂医疗队全体"90后"党员回信中，再次勉励当代青年："青年一代有理想、有本领、有担当，国家就有前途，民族就有希望。希望你们努力在为人民服务中茁壮成长、在艰苦奋斗中砥砺意志品质、在实践中增长工作本领，继续在救死扶伤的岗位上拼搏奋战，带动广大青年不惧风雨、勇挑重担，让青春在党和人民最需要的地方绽放绚丽之花。"希望大家能够牢记习近平总书记的指示精神，将习近平总书记的指示精神贯穿到学习、工作与生活之中。

借此机会，我向青年师生谈两点期望。

## 一、勉励——南外高中实现"全市第五面红旗"，青年大有可为

青春是最富梦想、最有活力的年华。世界上70%以上的重大科技创新是由35岁以下的年轻人完成的，很多人事业的成功也都是从青年时期起步的。研究表明，高考创造辉煌的老师60%的教龄在5年以内。今天在场的青年教师们也都取得了骄人的工作成绩。

当前，南外高中的发展正站在新的历史起点。在实现"全市第五面红旗"的新征程中，更需要广大青年师生以争创一流的锐气，焕发改革创新热情，为南外发展注入强劲持久的青春动力。我在多个场合讲过，学校发展要重视青年人才，青年人才最具创造活力，学校要为他们成长发展创造条件、搭建舞台、提供保障。现在教育教学教研的新研究、德育管理新模式层出不穷，很多都是年轻人在挑大梁。南外高中过去两年的发展，青年人才发挥了重要的支撑作用；学校未来的辉煌，更要靠广大青年去创造。新时代的南外高中青年大有可为！南外高中毕业生的高质量输出，是青年教师发展的高起点，也开启了南外高中发展的新征程。

## 二、希望——建设新南外高中，青年师生要当好生力军

对于每一位青年教师来说，无论在哪个岗位上，都应该自觉把教育作为全身心投入的崇高事业，把岗位作为实践党的宗旨的最佳载体，把学生全面发展作为教育教学的主要目标，不断增强职业荣誉感和时代责任感，努力在平凡的岗位上实现不平凡的梦想。

对于每一位青年学生来说，无论是学有余力还是暂时落后，都应该拥有自

信和勇气，珍惜韶华，以更高的目标、更强的自律，迎接高考的挑战。唯有如此，才会更富有成长的力量，有自我完善和提高的能力，从而在良好的主客观环境中茁壮成长起来。

青年们，要成长为国家栋梁，成为社会的中坚力量，国家和社会需要你们。

### （一）树立积极投身发展的远大志向

刚才获奖的16位青年师生代表，紧跟时代发展步伐，积极投身课堂质效、教研课题论文、德育管理、学习备考等方面的深入钻研，都取得了突出成绩，当然，这样的例子在南外青年中还有很多。当前，我校发展稳中有进、稳中向好，但新旧动能转换还要有个过程，现正处在爬坡过坎转型的关键阶段。困难就是机遇，挑战就是动力。广大青年师生要坚定发展信心，树立积极投身发展的远大志向，迎难而上，勇往直前，找准发展定位，紧紧抓住学校打造外语与科技特色、新高考改革、新优才计划、六大学生发展中心、导师制与自主管理等重大机遇，明确主攻方向，积极投身改革发展实践；要做到脚踏实地，不图虚名、不尚空谈，把奋斗激情和务实精神紧密结合起来，做实事、下实功，踏踏实实从一点一滴的小事做起，在不断积累中努力创造出一流成绩。

### （二）传承以德立身的宝贵品质

青年素有开风气之先的创新精神，在与时俱进的今天，更要自觉践行社会主义核心价值观，带头弘扬社会公德、职业道德、家庭美德，知美丑、明是非、辨善恶，加强自身修养、陶冶高尚情操。诚信是中华民族的传统美德。南外高中之所以能够在全市名校竞争中脱颖而出，诚信是立身之本；青年人走向社会，要把诚实守信作为座右铭和护身符，以忠诚之心对待国家，以坦诚态度对待他人，重信守诺塑造正直品格，赢得社会和他人的尊重。

### （三）培育学思相济的求知精神

现在青年朋友中流行一个词叫"刷存在感"，但存在感源自哪里？我认为就源于自身的竞争实力。当今时代，知识的生产和更新不断加快，传播方式发生革命性变革，广大青年要始终保持提升素质的危机感、紧迫感，把学习作为成长成才的"源头水"和"充电桩"，既要多读有字之书，也要多读无字之书，注重学习人生经验和社会知识，把学与思更好地结合起来，提高分析问题、解决问题的能力。广大青年要坚持知行合一，拜实践为师，注重在实践中学真知、悟真谛，加强磨炼、增长本领。

### （四）保持永不懈怠的人生态度

青年人生之路漫长，在成长过程中既有鲜花、也会有荆棘，要保持一种积极向上、永不懈怠的进取精神。中国青年"五四"奖章获得者唐嘉陵，1984年出生，是"蛟龙"号首批潜航员中最年轻的一员。唐嘉陵作为我国首批自主选拔、培养的载人潜水器潜航员，直接参加下潜24次并连续3年驾驶潜水器达到海试最大深度、刷新最长水下时间，取得了大量珍贵的作业成果。"蛟龙号"4年海试期间，他主动要求参加水面时间最长、最难受、最颠簸的试验任务，凭借坚持不懈的奋斗和勇气成了青年的楷模。反观现在，有些年轻人满怀梦想但缺乏实现梦想的动力，渴望成功却没有攻坚克难的勇气。天上不会掉馅饼，任何成功都是奋斗得来的。我希望青年师生保持一往无前的意志品质，在压力下经受锻炼，以勇争一流的行动为青春增色。

## 三、结语

最后，我引用毛泽东同志1957年在莫斯科大学接见中国留学生的寄语，与大家共勉。"世界是你们的，也是我们的，但是归根结底是你们的。你们青年人朝气蓬勃，正在兴旺时期，好像早晨八、九点钟的太阳，希望寄托在你们身上。"

念念不忘，必有回响，今天的期待一定会成为南外更美好的明天！谢谢大家！

# 没有人是一座孤岛

同学们，老师们：

　　大家早上好。接下来我要说的这个话题有些沉重。究竟该怎样告知大家，我反复斟酌到凌晨四点半。昨天晚上，我们高一年级有位同学发生坠楼，万幸的是送医及时，目前这名同学生命体征一切正常，意识完全清醒，仅腰椎和腿部有骨折，腰椎手术很顺利。昨晚我们第一时间跟医生详细了解了情况，医生表示，经过治疗可以治愈。如果想要探视，需要等医生判定条件许可，且经过这名同学和她的家长同意。我要感谢昨天在现场参与救援的同学，你们体现了南外人的风貌！

　　得知这个消息的时候我特别心痛。对于这名同学，身体的受伤经过治疗可以痊愈，那么潜藏在心里的伤呢？可能需要很长的时间和很多的关爱才能慢慢复原。这绝不是一句"心理承受能力差"或者"一时想不开"的话就可以一笔带过的。

　　无须回避，我们中绝大多数人，在某个时刻都想到过死。

　　有的只是一闪而过的念头，也有的会酝酿成计划，二话不说就采取行动的是极少数。痛苦有一段发展的历程，从一开始的萌芽到行动，往往会经历很长的一段时间。而这个同学，她很可能在我们没看到的困境里独自一人跋涉了许久许久，自我开导过无数次。

　　在这里，我想跟大家谈几件事。

　　第一件事，我恳请大家尽力保护好这个学生和这个家庭的隐私，避免对当事人造成二次伤害。事情的发生，使包括学生、老师还有家长在内的各方都感到了惊慌，也会使他们从各个方面揣测事情的动机和诱因。目前，经过初步了解，我们大体得知事情轮廓，但出于保护学生隐私，我们不能透露更多细节。

每个人的痛苦都是真实存在的，我们即使做不到感同身受，至少可以怀抱善意不轻易下判断。随口一句轻飘飘的揣测或无关痛痒的谣言都有可能给当事人带来二次伤害。所以，请大家尽己所能地保护好这个同学，至少不信谣、不传谣。

第二件事，我们计划进一步推动心理健康课程的常态化，帮助同学们认识自己，同时学习如何应对压力与自我调节。

每一个生命，在他的经历中，可能都有很多渴望和需求没有被满足。如何面对这些不满足？我们可能会压抑，如果我们对这些压抑一直放置不管的话，它们会成为我们内心黑暗不可见的角落，啃食我们，耗竭我们。

尽管心理学概念越来越被我们所熟知，但很多人提起这个还是有着隐秘的羞耻感：觉得寻求心理咨询师的帮助就是承认自己精神不正常，是件很丢脸的事情。事实上，我们心里或多或少都有枷锁，我们不知道它从何而来，不知道如何解除。或是通过持续的心理学学习，或是选择心理咨询，都有助于我们寻找这个密码，这样我们就有可能解开这个枷锁，获得更多的心理自由。

最后，我想和大家说的是，没有谁能像一座孤岛在大海里独踞，每个人都像一块小小的泥土，连接成整个陆地。虽然感同身受非常不易。但这并不是说，每一个人都只能孤独地活在这个世上。

如果你遇到一个人过不去的坎，请和你信任的老师说，我们一起来共同面对，这比一人独自承担更好过些。如果有一天身边的同学说起自己的纠结和困境，也请你多一点耐心倾听。

我们没有办法让痛苦消失，但我们可以努力让痛苦被表达、被看见、被承载。最终让痛苦不再撕咬我们的内心。

我，还有所有的老师，都是那个试着靠近你、理解你，与你一同走出困境的人。或者至少，在你最难过的时候，你让我们的陪伴，帮助你穿过暗夜。

生活的真相是这个世界充满遗憾，有些人也真的活得很艰难。也许有人这一刻正在"要不要死"的问题边缘徘徊、纠结。我想说的是，所谓生命的珍贵并不体现在世界很美好，所以活下去是一个容易的选择。恰恰相反，生命的珍贵是因为活着这个选择如此辛苦，需要我们竭尽全力。

# 追求精致，创办精品

## ——2018年9月3日开学典礼讲话

老师们，同学们：

今天是深圳南山外国语学校（集团）高级中学正式开门办学的喜庆日子，我们是真正南外高中的第一批主人翁。南外高中已经有14年历史，现在的南山区政协副主席、教育局局长刘根平是南外高中的第一任校长，是他在当南外校长时，将12年办学体制的南外增加高中，成为基础教育系统少有的十五年一贯制学校。周舟老师就是15年的南外学生，现在是南外高中优秀的老师。我们的郑书海副校长是南外高中招进的第一人，在过去的14年中，南外高中人奋力拼搏，取得了非常优异的成绩，送出去了一批批优秀学子。我们的荣耀墙挂出来了一部分，还将分期分批推出，我更希望我们这里的同学，今后都能够被推出，成为学弟学妹们学习的榜样。为了今天的到来，我们付出了辛勤的劳动和汗水。例如，我们的老校长刘根平、崔学鸿、胡丹。区委书记王强，区纪委书记张华伟也到南外高中建设现场了解情况并解决困难。教育局书记马颖丽，副局长周新森，科长林端等，还有华润、中建二局的许多人，有成百上千的建设者。他们都为我们南外高中的建设付出了太多艰辛与汗水，我提议大家以热烈的掌声感谢他们！

当然，也不要忘了我们身边的付出者，副校长郑书海，副主任邹方针，副主任刘超，他们一个假期没有休息，刘静主任虽然带孩子外出几天，但每天深夜还要为学校赶制文件，电工小汪也没有休息，邓亚轩主任一边在高三上课一边负责新校区安保，还有学生处主任丁文武，团委书记邹成跃，以及许多老师、许多工作人员为新校区建设付出艰辛劳动，同学们应该已经感受到了新校区的温暖，这些都是需要我们铭记和感谢的！

此外，南外集团也发生了一些变化，我们新任总校长夏育华，年轻有为，44岁就被评为首批正高级教师，他是生物正高级教师，办公楼上挂出的楹联，是我9月1日打电话请求他写的，电话联系后，他用了3个多小时就写出来了，而且还配了详细说明，可见他的文学功底之深厚。更为重要的是，他来到南外，第一时间到了高级中学新校区，要求全力抓好高中建设与高中教育，要求务必创造南山高中教育新高地。他追求精致教育，还出版了专著《精致育人》，与我们筹备组之前提出的把学校定位为"精致高中、精品高中"的理念高度统一。可以相信，南外高中必将迎来新一轮飞跃发展时机。南山区委区政府，这几个月引进了两个正高级职称的校长，都调到了南外集团，南山校长中仅有的两个正高都在南外。可见，领导层对南外集团是何等的重视，入读南外高中是同学们的福气！

当然，可以肯定，刚刚到新校区，还有许多不完善的地方，作为管理者我们一定会加紧完善，我也相信同学们能够理解，还想告诉高二高三的同学，你们的木床我们正在加紧赶制，力争尽快到位。

要办"精致高中、精品高中"，我们需要怎么做呢？我们还有很长的路要走，还有许多事情要做，我觉得我们应该做有教养的人，每个人都从小事做起，从一点一滴做起，努力把自己培养成为一个有教养的人。我们知道，大事情往往是做给别人看的，而小事情才是属于我们自己的，也正是在这些小事情中，才看得出一个人的素养，一个班的风气，一个年级的精神，一所学校的品质。也正是在这些小事情中，才看得出来你对待自己的标准，你对待别人的态度，你对待集体的准则。在小事情上对自己的"差不多"，那就是对教养的纵容；结果往往让我们在大事情上与别人"差很多"，这就是教养的威力。

那么教养究竟是什么呢？

首先，教养就是用最严格的标准要求自己。其实，我们需要的不是做与不做，而是做没做到位。

其次，教养就是因你的存在而让集体更舒服。你在餐桌上乱丢垃圾还不清理，你在教室里吃东西，你在图书馆高声喧哗，这些都不是有教养的表现，教养就是要让他人舒服，你能否始终做到不影响他人学习和生活？同学们，你能做到吗？

南外高中要办"精致高中、精品高中",追求精致的过程中,我们绝不能因为学习上的优秀,就容忍教养上的不足;我们可以在学习上走得慢一点,但绝不能在教养上有丝毫怠慢。

老师们,同学们,更多的自律,而不是更多的管理,才是一所学校走向精致的坚强保障。前天高三年级第一次月考,我们没有再分班级设置考场,也没有监考老师,但没有一个同学违纪违规,建议高一、高二的同学给予他们最热烈的掌声!昨晚,我们的值班老师没有坐在教室,而是在走廊、在办公室接待有问题的学生,帮他们排忧解难,结果同学纪律特别好。这充分说明,我们的同学自律能力非常强,我为有这样的学生而高兴,建议大家为自己鼓掌!我们管好自己的一言一行,珍惜自己的每分每秒,让自己变得更有教养,让学校变得更有品质。让我们共同努力,早日把南外高中办成名副其实的"精致高中、精品高中"!你愿意为此而努力和付出吗?

祝全体师生,新学年身体健康,共同进步!

谢谢大家!

# 君子如玉，向善而行

## ——2019年3月24日南外高中成人礼讲话

亲爱的同学们，尊敬的老师们、家长们：

大家下午好！

今天，是同学们一生中非常特别、非常重要的日子。我非常荣幸站在这里，和大家共同见证2019级全体高三学子的成人礼。我谨代表南外高中全体教职工对各位同学表示衷心的祝贺，祝贺你们成为真正的大人！

我的父母没有读过书，父亲13岁时参军，参与了抗日战争和抗美援朝战争。我18岁时成为家乡第一个考上大学的人，而且是师范大学，当时父亲只对我提了一个要求——"永远做一个好人"。我的理解是：对自己、对亲友、对学生、对社会负责！一晃34年过去了，今天，回望奋斗历程，我由衷地感叹，青春真好，梦想真美！

《礼记》上说"冠者，礼之始也"，加冠礼就是成人礼。男子行冠礼，"正其衣冠，尊其瞻视"，端正自己的衣帽，寻找人生的榜样，树立人生的信仰。女子行笄礼，表示从此要靠自己寻找人生的含义。

同学们，在你们迈入18岁成人之际，作为你们的师长，我有几点期待想与大家分享。

**第一点期待：期待你们如君子一样，外润内坚，向善而行**

想了很久，我和老师们决定把一方刻有"善"字的玉石作为成年礼物送给在座的各位高三学子。祝福同学们如温润君子，外润内坚。于外，让人如坐春风，如沐春雨；于内，有坚强的品格，不为任何风险所惧，不为任何诱惑所扰，义之所在，勇往直前。

赠一个"善"字，不仅是希望同学们无论何时都要坚守善良，更是想提醒同学们，善良不只是一种品性，更是一种能力，一种需要学习和培养的能力。

无知的善良，即为恶。生活中，我们常常能看到打着行善名义的作恶行为。例如，缺乏常识的善良——自以为心怀慈悲的人把海龟带到公园的池塘去放生；不同情受害者只同情弱者的善良——某位邻居乱丢垃圾在你家门口，你忍无可忍据理力争，旁人却劝你要对邻居宽容一点。

同学们，我希望你们要善良，且要有理性的力量。如今，你们对善的学习和修炼才刚刚开始，祝愿同学们深刻认识到事物的规律，对人和世界的复杂性和不完美有所了解之后，仍然坚守本心、向善而行。

**第二点期待：期待你们如君子一样，胸怀磊落，行事坦荡**

同学们，不久后当你们升入大学，你们面对的可能不仅是大学生活的丰富多彩，还有学业的艰深和沉重；当你步入职场，面对的可能不是光鲜与亮丽，而是工作的单调和重复，与理想相去甚远的疲倦与失落。

正如罗曼·罗兰所言，"世界上只有一种真正的英雄主义，那就是认清生活的真相还依然热爱生活"。

在一步一步认清生活真相的历练中，希望同学们要持身中正，时刻自励自省，进退失据时叩问本心，与世界谈判妥协之际，不忘自己的底线。

今后脚踏实地做事之余，同学们还要保持终身学习的习惯，唯有这样才能使得我们在流俗的评判中保持定力，才可能使我们冲破人生的桎梏与日常的琐屑，从而将焦虑转化为创造人生的动力，转化为探求人生的无尽可能。

同学们，愿你们始终拥有真诚和坦荡，独自扪心，静夜自问之时，磊落心安。

**第三点期待：期待你们如君子一样，谋道不谋食**

"君子谋道不谋食，君子忧道不忧贫"。意思是"君子用心求道而不费心思去求衣食。即使你亲自去耕田种地，难保不饿肚子；努力学道，却可以得到俸禄"。不谋衣食并不是真的不要衣食，而是通过谋道而水到渠成地获得衣食。

当你踏入成人门槛，即将远航，请你勿忘，谋道之中，乃在于立德立行。立德，意味着你们为人处事的道德经得起考验。不因人势小而欺之，不因人势强而附会之，气质清朗，日月皎皎。立行，意味着你们的行为要经得起考验。

这个时代，社会不乏精致的利己主义者。但是，我亲爱的同学们，请你们不要成为这样的人。

作为教育管理者，我对教师唯一的请求是：请回到教育的根本，帮助学生成为具有人性的人，你们的努力，不应该造就学识渊博的怪物，或者是多才多艺的变态狂，或者是受过教育的屠夫。我始终相信，只有孩子具有人性的情况下，读书写字算术的能力才有价值……

我们一直以来的思想教育，都希望南外高中的学子，有君子的风骨和气度，坚守正道，不为时间侵蚀，以成年之铁肩，担家国之大义。

亲爱的同学们，在你们甫进校门之时，我担心你们听不懂课，考不好试，受不住压力；当你们把这些掌握得差不多了，如同羽翼渐丰的雏鹰即将展翅飞翔，在你们18岁成年与高考相遇，距离告别校园不足百日之时，我又开始担心，我们的同学们已经准备好了吗？成年后的你们，当见过越来越多社会的纷繁复杂，会不会为了利益背弃自己当初的信念、理想，甚至祭奠出自己的良知……教育的目的是学以成人。同学们，在以后的学习和生活中，如果你能秉持君子之道，始终怀敬畏之心，行有所止，经世事冷暖，葆内心澄明，洪流之中不裹挟，喧哗声中不惶惑，权威当前不盲从；那么，恭喜你们，你们在南外高中的三年学习没有虚度。也恭喜我们的老师们，你们真正实现了传道授业解惑。

十八岁，业已成年！十八岁，不负青春！

同学们，我相信，你们在南外高中收获的一切，都将激励你们，站在时代的机遇和挑战面前，去坚守正道、去不断创新、去引领未来。祝愿你们长风破浪、直济沧海，待来日学业有成，金榜题名，肩负起家国天下的使命和担当。

谢谢大家！

# 行稳致远，进而有为

## ——2019年12月30日升旗讲话

老师们、同学们：

时序更替，华章日新。时间即将叩响2020年的大门，在这辞旧迎新的美好时刻，我谨代表南外高中党支部和行政班子，向一年来为学校各项工作辛勤耕耘的全体教职工、向为实现青春理想努力学习的莘莘学子、向志取万里心系母校的海内外校友、向关心支持学校发展的家长朋友们致以最美好的新年祝福！

筚路蓝缕，天道酬勤。2019年，南外高中攻坚克难，各项改革全面深化，德育管理成效显著，队伍建设卓有成效，标杆榜样不断涌现，高考成绩再创新高，学科竞赛屡创佳绩，中招成绩逐年攀升，体育美育协调发展，综合实力明显增强。

刚刚过去的2019年是岁物丰成的一年。我校高考理科重点率以85.4%居全市第六，双一流名校录取率近40%，艺体特长生异军突起，连续第十年荣获市高考工作"超越奖"，进步率位居"全市八大高中"第一名，被誉为"深圳优质高中教育最大的增长点"，凭借如此骄人的成绩，我校被评为2019年深圳市"教育改革创新领跑学校""科技创新教育示范学校"。

因为敢为人先，我们创新领跑。我们率先开启"新时代创新赢未来"文化月，开展"树标杆、展风采"活动，在《南方都市报》《蛇口消息报》等媒体宣传学校发展改革各项举措及优秀教师事迹；4月29日，《我和我的祖国》快闪活动在南外高中700位学子的歌声中传递，入选省委组织部党员学习平台；6月，高三学子自制视频短片《成都》被南山区委转发；9月，我校以《少年中国说》唱响峥嵘岁月，致敬祖国七十华诞，被深圳市教育局点赞；"出实招重构师资队伍"等新闻更成为微博热搜，被《人民日报》等主流媒体转载并大力肯定我校敢为人先的首创精神。

因为勇立潮头，我们朝气蓬勃。龚湘玲等多名备考专家应邀来我校精准教研、高端引领，探索之旅步伐铿锵；语文科组崔轶楠、岳继文、潘杏雨等老师先行先试，从无到有打造科技节辩论赛；深圳市曾澄福名班主任工作室、南山区刘倩博士工作室等一批名师爱岗敬业、示范在前；清华北大硕士杜玉洁和郭子昀等6名新教师代表，预先研究"名校之路——优才计划活动"，为学校注入发展新动能；而胡展怀、杨橦、陈清源、吴昱康、胡语桐等优秀同学热爱生活、热爱学习的典型事迹，正是全体南外人朝气蓬勃的真实写照。

因为力求卓越，我们屡获表彰。在市教育改革创新论坛、区百花奖、各级工作室申报与评选等活动中，我们硕果连连；省劳动模范郭建华、深圳市优秀教师和市优秀班主任双料得主曾小红、南山区首批名校博士张国明等骨干教师优秀事迹载入"良师录"；梅茂华、姜百川、陈俊德、李克强、臧旭东等老师获得南外集团"四有好老师"称号；龙丽明、何端芬、成翔、刘震、乔宏涛、靖晓、徐元华等12名2019届高三老师和理综备课组喜受市区优秀表彰；省优秀教师崔轶楠荣获业务比赛的百花奖特等奖第一名；深圳市骨干教师丁文武被遴选为深圳市教育局优秀中学校长培养工程对象；深圳市优秀教师刘静则是2019年南山教育系统唯一的深圳市"五一劳动奖章"获得者；南山区第23届现场作文比赛中，我校参赛26名学子全员获奖；英语模联社团在北大、复旦等各类大会上屡获大奖；李若屿等15名同学斩获深圳市青少年电子信息智能创新大赛、电脑制作赛一等奖；黄彦哲同学获全国青少年人工智能科普教育展演银牌；我校学生垒球队在第二届全国青年运动会和省锦标赛中喜摘亚军……无论是学术研究还是科技创新和学科竞赛，从文化引领到体育活动，南外高中学子活跃在各大竞技赛场。

2019年是厚泽师生的一年。开学典礼播种希望、点燃梦想，成人礼胸怀责任、演绎感恩，毕业典礼传递深情、分享祝福。学生社团、校园文化节、十大歌手、辩论赛等，更是彰显了我校全员、全程、全力的育人方略；细致入微地宣讲南山教育，吸引清华北大等名校优秀毕业生加盟；组建"青年教师联合会""骨干教师联合会""领军教师计划"，推进教师队伍可持续发展；推行科学的德育"自主管理"，配套名校高达70%录取率的自主招生模式；首创学生心理体验中心，加强学生心理成长教育；与腾讯、北航等高校和高新企业合作，共建数据媒体AI、机器人等高新科技实验室，开发10门科技校本课程，为学生成果提供产品孵化机制。此外，南外高中正着力组建并打造健美操、游泳、足球、篮球、舞蹈等数支高水平队伍，高标准建造舞蹈室、音乐教室、美术室、综合体育馆等多功能场馆，为舞蹈、声乐、器乐、绘画、摄影等10多门特色课程提供保障，全面提高学子艺术和体育素养。

2019年是高位奋进的一年。创新课程、品质教育，打造南外高中特色品牌。南外高中聚焦个性化、特色化教育，开展全市领先的优势人文教育、外语教育、科技教育、安全教育、国际教育等品牌课程；学校积极整合前国家化学集训队员、清华大学物理和数学竞赛双料奥赛一等奖获得者等竞赛教师以及设施资源，创设荣誉课程体系，学科竞赛屡创佳绩，竞赛实力领先全区高中；学校与纽约大学等国际顶尖院校开展合作，借助优势资源将主流"国际理解"教育课程整合，探索并初步形成南外高中国际课程体系，众多学子在海外大学申请中屡创佳绩，赢得社会各界广泛赞誉。优秀队伍、先进理念，引领南外高中步入创造时代：南外高中引进北大化学博士后刘玉鹏和清华、北大等名校优秀硕博20名；构建"1+3"顶层设计教育教学核心工作团队，由年级教育教学管理共同体、教学研究共同体和班级管理共同体构成，分别以年级组长、科组长及班主任为中心，促进管理模式深度转型；作为广东省唯一参编《新高考新实践》的学校，新高考研究在省内领先；借助"深派教育联盟"丰富智力资源，孵化各类名师工作室11个，覆盖全学科以及德育范畴。

天下大势，浩浩汤汤。这是一个伟大的时代，中国特色社会主义进入新时代，一幅宏伟蓝图正在波澜壮阔地展开。在这个新时代，强者各领风骚，弱者大浪淘沙！凡懒惰懈怠者、心态不端者、故步自封者、害怕改变者……必将黯然退出历史，不留痕迹。因此，我们要把握良机，让自己对无限可能的世界敞开胸怀，美好的未来定属于敬业、乐学、与时俱进、不断创新、有责任感的时代精英们！

花开堪折，莫惜金缕。与其被动地落后于时代，不如主动关注时代、拥抱时代、融入时代。我们既要脚踏实地、务实勤奋，又要仰望星空、寻找理想，更需要拥有成熟的自我认知和持续的学习能力——这就是建立"学习型学校"的核心要义。在此新年来临之际，我发出倡议：希望南外高中全体师生树立

"终身学习"的观念，使学习成为每位南外高中人汩汩流动的血液。

行稳致远，进而有为。生活的高手，从来都是自信满满、心情愉悦，走到哪儿都带着光芒。顺境时，快马加鞭；遇到挑战时，用不懈的努力增加生命的厚度和强度，实现自我超越。新的一年，让担当实干的氛围更加浓厚，奏响"幸福都是奋斗出来的"南外高中最强音，我们将以更加严谨的作风，尽锐出战，奋发作为，续写辉煌！

在刚刚得到的期末英语听说考试成绩中，我们三个年级都遥遥领先全区其他学校，相信期末考试同学们也一定能够创造辉煌！高三（6）班的胡同学早早被艺术类院校世界第一的罗得岛设计学院录取，为高三开了一个好头，预示着高三名校录取情况肯定又将是一个大飞跃。

上周，食堂发起民意调查，线上线下收到600多票，学校将于放假前公示结果和改进措施回应同学们的呼声，提升服务品质。刚才后勤保障处邹主任告诉我，同学们喜欢的肠粉即将闪亮登场。

老师们、同学们，新时代浪潮奔腾而来，无限风光在潮头。2020，我们整装再出发！祝大家百尺竿头，更进一步！

# 道阻且长 以行证道

——2020年3月8日南外高中成人礼讲话

亲爱的同学们，尊敬的各位家长、老师们：

大家上午好！今天是妇女节，首先祝各位妈妈节日快乐，你们辛苦了！

对高三同学来说，从今天开始，除了学生身份，你们拥有了一个更为重要的社会身份——成年人。

在这个特殊的时刻，我要向同学们表示祝贺，祝贺同学们的成长，祝贺大家已经迈进了青年的门槛！从今天起，你将以一个中华人民共和国公民的名义，去享受宪法和法律所赋予的全部权利，承担宪法和法律所要求的全部义务。作为你们的师长，更作为你们的朋友，我有些话想和大家分享。

**第一，心怀天下，担当未来**

同学们，成人，不只是年龄上的自然过渡。成人，意味着心智的成熟，意味着道德的完善，意味着责任的完备，意味着理想的践行。这一年，你们经历着新冠疫情带来的特殊考验，也默默体会着长大的分量和成人的责任。

这一代的你们，更要放眼中国，放眼世界。每个同学的责任担当都需从只关注个人，关注家庭，扩展到对社会、国家，乃至人类命运共同体的关注。

此刻，让我们向所有奋战一线的医护人员郑重致敬，感恩他们的守护，牢记他们的付出。

同学们，年龄永远不是衡量一个人成熟与否的刻度，只有责任的叠加，才会让人逐渐成长。唯有心怀担当，能承重任，我们才能超越一己之私，在遇到问题时挺身而出，在面对困难时上下求索，在遭遇挫折时百折不挠。

**第二，不忘初心，坚守理想**

同学们，当前的我们和国家正处于备受考验的时刻，共同面临着疫情对国家治理的大考。此时此刻，大家需认识到自己身上所肩负的不仅是科学技术的发展，医疗水平的改善，社会治理的进步，国民素质的提升，而且更关键的是要练就感知时代精神、解决时代问题的能力，使个人的理想与时代脉搏同频共振。

书本上的"胸怀天下""家国情怀"不只是对伟人的赞扬，更是对我们每一个人的鞭策。在这个春天，在中国社会以及世界正面临着种种难题与问题之际，我们可能比以往更渴望智慧与良知的守望。你此刻的精进不休，是对未来自己的承诺，亦是全身投入社会、国家、全球治理，成为有用之才的准备。

同学们，高考是面对理想和未来的一次冲锋，是一次自己做主承担责任的选择，因此认真对待，不留下遗憾，才是最珍贵的成人礼。希望你们接下来的日子，保持顽强的意志，保持坚定的信念，尽力去触摸自己的天花板，为自己的梦想积累最好资本，为打开未来更多的可能性做准备。

疫情发生以来，钟南山院士收到来自全国各地中小学生寄来的信，回复中他写下寄语，鼓励同学们"用知识缝制铠甲，不远的将来，当你们走出社会，在各行各业都将由你们披甲上阵"。而这也是我今天想和同学们说的话。当你茫然四顾的时候，静下心来问自己：我的人生使命是什么？我的热爱在哪里？我的人生榜样又是谁？请为你自己将来要走的路找到出发的依据。

**第三，道阻且长，以行证道**

相比南外高中的三年，你们还有更长的人生道路要走，还要迎来更加广阔的人生舞台。

未来，最难的问题，不再是数学试卷上面最后的附加题，而是生活本身，是选择之难。当你在选择未来方向时，是否可以有更刚毅的使命感？当你学已成材，是否有胸怀和能力为他人负重前行？请记得，你们今天的每一个选择都具有未来的价值与意义，祖国的未来在你们手里。

如果未来的你从事法律，我们期待你坚守公平正义的核心价值，面对国家的日常治理或是特殊期间的危机应对，能参与其中，定分止争，抑恶扬善。

如果未来的你选择与科技打交道，期待你将前沿科技植根于深厚的人文土壤，以科学的力量应对人类面临的新挑战。

如果未来的你肩负传播事实、记录时代之责，期待你能廓清事件的整体样貌，呈现大局大势，抵达事实真相。

如果未来的你参与公共治理，期待你调动各方的知识和力量来预防风险和危机的产生，解决我们面临的公共问题，提升人类的共同福祉。

同学们，世界的变好，不能仰赖少数人，需要我们每个人共同努力。时代的进步得来不易，点滴改善可能需要一百个人、一千个人、一万个人，乃至一代代人的接力。不要因为个人力量渺小就止步不前，不要怕道阻且长，因为行则将至。我们投身其中，我们以行证道。

《加缪手记》中的一段话："我并不期待人生可以过得很顺利，但我希望碰到人生难关的时候，自己可以是它的对手。"这句话也送给成年的你们。当你与生活诸多挑战狭路相逢时，希望你有逆行而上的勇气和能力。

多难是否兴邦，取决于我们每个人是否在巨大的苦难中汲取足够的教训，从中获得成长。2020年的春天以极不平凡的方式出场，请记住这些逆行者的背影，让我们从他们身上学会用科学的眼光、人文的关怀、申辩的思维、批判的精神、责任的担当在这个世界上立足。

最后，祝愿大家都能在备考阶段潜心修为，考场上披荆斩棘、蟾宫折桂，不管是现在还是未来，都让这个世界因为你们的存在而变得更美好、更有希望。

# 心有猛虎　细嗅蔷薇

## ——2019届毕业典礼致辞

尊敬的各位老师、家长朋友，亲爱的同学们：

下午好！

六月的南外高中进入了一年最热烈的季节，不仅仅因有灼人耀目的阳光，还因为同学们对未来怀着最热切的憧憬与向往。在此，请允许我代表南外高中全体师生员工对即将毕业的你们表示最热烈的祝贺，对言传身教的老师、殷殷期盼的家长致以最衷心的感谢！

此时此地，我们在这里召开毕业典礼，以隆重的仪式送别2019届毕业生。我们常说，教育，是一场接力赛。高考一过，中学将从你的生命中体面地退场。大学，天高海阔，任凭你鱼跃鸟飞。在这宝贵而又短暂的别离时刻，我想对在座每一位毕业生谈谈几点希望，权当对你们的临行嘱托。

当你淹没在书山题海，父母跟你讲"等你上大学就轻松了"；当你面对高考压力失眠掉头发，老师会宽慰你说"等你上大学就轻松了"。而现在我要很抱歉地告诉你们，相比你们以后要经历的人生来说，读这几年书参加高考其实算容易的事。

毕竟高考还有标准答案，还有模拟考试。人生很多问题不但没有老师指导，还没有答案可供参考，只能自己摸着石头过河，走成什么样就是什么样，不能重来。再过几天，同学们就要开始填报高考志愿，这意味着你要选择未来四年在哪里度过。我希望大家做出这个决定时，眼光放得更长远一点。

人是很容易随大流的。看到这个专业好，就一窝蜂地涌上去了；看到那个专业似乎容易找工作，又一窝蜂地上去争抢。有时候最热门的不一定是最适合自己或者是自己最想做的。在这种情况下，很难发挥自己最大的潜力。四年的日子很容易稀里糊涂地就混过去了。

我对你们有如下希望。

**第一，希望同学们找到你的长板，那块长板就是你的优势和热情**

如果没有热情，或许你可以把一件事做到优秀，但绝不可能做到最好。站在一生的时间长度来说，你最擅长又最热爱的事情，就是你最大的优势所在。

同学们，人的一辈子时间是有限的。如果花费大量的精力把所有短板都补齐了，这也许会让别人满意，但你也可能成为一个"样样行，但样样都不精"的平庸之辈。

你如果能看清楚自身优势所在，将它发挥到极致就够了。在资源有限、竞争激烈的环境中，强化、延展你的长板，往往比修补你的短板更重要。当然如果你的短板很致命，我们也不能无视，你要优先发挥优势，积累自信，再把自信平移到不足之处进行修正，这在现实中更可行一些。

除了报考学校、填报专业，未来你们还要面对很多选择。这几年很流行一句话"做你自己"。这句话听起来特别开明，鼓励你不要随波逐流。但问题是，如果你自己都不知道想要成为什么样的人，你是没法"做你自己"的。

关键的问题是，怎么才能找到自己真正的热情和优势？你只能不断地尝试。这里我要特别强调，尝试不是浅尝辄止、蜻蜓点水地走过场，而是拼尽全力去测试自己的极限，这样你才知道究竟是不是真的热爱，有没有这方面的潜能。

未来的大学四年，很可能是你们人生中最后一次在一个相对宽容的环境，系统性地接受教育，建立你的知识基础，拥有大段时间充实自我、学习为人处世之道。唯有通过真切的生活体验和大量的磨炼，你才能确定地告诉自己，什么是真的兴趣、真的科学、真的研究、真的自由。现在门已经打开了，同学们千万别忘了把脚踏出去。

**第二，希望同学们培养独立思考的能力，学会学习**

我们常说独立思考，你可能觉得这是老生常谈。这听起来很简单，实际上直到你进入大学、进入社会，你会发现保持独立思考非常不容易。

独立思考意味着什么？首先意味着自律和勇气，意味着你不满足普通解法和现成的答案，意味着你要通过不辞辛苦的学习，诚实地思考己方和对方不同立场最有力的观点，意味着你不能死守一个思维框架，敢于去质疑那些别人视作毋庸置疑的主流观点。

"未经省察的人生，不值得一过。"这是苏格拉底的经典格言。要做到这点需要超乎寻常的思考训练、勇气乃至终其一生的坚持自省。

关于独立思考，其一，同学们始终要有问题意识。没有问题意识，提不出问题，自然缺乏自主选择能力，缺乏举一反三的应变能力，这是个恶性循环。具有学习能力的人，能够独立思考的人，也一定是拥有自主选择能力的人。其二，要有意识地培养批判性思维。批判性思维，不是为了语不惊人死不休，而是学习怎样正确地评估证据，反复经历错误—修正—错误—修正，从而得出自己的结论。

同学们，没有哪一所大学可以保证你们所学的技术在四年以后仍然有用，但当你学会思考，并掌握学习的方法，无论日后出现什么样的新技术或新工具，你都能游刃有余。另外，每一个专业背后都隐含着专业精神。知识可以过时，技能也可以过时，但你感悟到的思维方式和探求精神，会像血液一样，流淌在你的心中，伴随你的一生。

**第三，希望同学们以沉静通达的胸襟去面对未来**

半个月后，当你的手里捧着录取通知书，不知道你的心里是兴奋还是惆怅？不知道你油然而生的是"天生我材必有用"的豪情，还是"拔剑四顾心茫然"的困惑？

同学们如果考得不尽如人意，也不要认为天塌了下来。人的一生犹如大海行船，跌宕起伏是常态，一帆风顺都是暂时的。身处顺境时，我们要好风凭借力，乘长风破万里浪；身处逆境时，也不要丧失信心，只要你一步一个脚印地前行，总有一天你的积累会产生量变到质变的飞跃。无论命运的风暴将你们吹向何方，最终你们都将以命运主人的身份上岸。

同学们，作为师长，我无比感念南外高中这三年的时光对你们持续不断的雕刻与塑造；我无限欣赏可爱、可信、未来大有可为的你们，在上千个平凡无奇的日日夜夜水滴石穿。

现在，一段全新航程即将开启。祝福你们，2019届的所有的孩子们，祝你们在未来的求学时光，能够沉潜在这时代，倾听学问的声音，体验成长与创造的乐趣。

　　集团总校长夏育华教授说他不再单独发言了，我代说一句寄语：无论未来身处何方，再难也要坚持，再差也要自信，再好也要淡然！

　　谢谢大家！

# 走向辽阔

## ——2021年毕业典礼致辞

亲爱的同学们：

很荣幸能在这样一个毕业的时刻和同学们进行分享。2018年我们一起来到南外高中，一起亲历了南外高中搬迁至新校区，开始独立办学的三年。

昨天，我还在翻看你们发过来的"关于南外99次回眸"的照片集，我看到了你们高一军训汗流浃背仍努力保持挺拔的身姿，也看到你们在18岁成人礼上昂扬宣誓渐渐褪去稚气的脸庞。我看到你们奔跑在1200米赛道上，中途摔倒也绝不放弃；我看到你们一次次伏案计时刷题；我看到你们为了自己喜爱的学科而选择了更为艰难的道路；我看到你们一遍遍彩排演练经典著作的角色，直至自己成了书中的"刘姥姥""周朴园"；我看到你们承担了一堆大大小小的事务，通力合作组织辩论赛、科技节……这些都是你们在南外成长的印记。

中学时代，是人生中重要的"打基础"阶段。无论身体上、精神上、还是知识上的基础，都在这段时间积淀。同学们，首先我想祝贺你们顺利度过这人生中如此重要的阶段，为进入更广阔的世界筑下牢固的基石。今天，我站在这里，在临别之际给你们送上几句祝福，希望你们在未来的道路上走得更加稳健。

**祝愿你们在实践中找到人生理想**

再过几日，高考成绩就会公布，同学们将要面对如何选择学校、选择专业的问题。这些选择其实都指向一个更大的命题——我们要怎样生活？

陈嘉映先生的话说得在理：

人生不是股票市场，可以站在它外面来权衡得失。通常，我们并非想考虑哪个行业能让我利益最大化然后去选择它，同样，我们也不是先考虑哪个行业能实现最高的理想然后去选择它。无论是理想还是利益，都离不开一个人的具体环境，包括他心仪的生活典范和他自己的禀赋。

你如果不曾爱好文学，那大概不会考虑日后从事小说创作。你如果喜欢观看舞台舞蹈，但自幼四肢不协调，大概也不会梦想着成为舞蹈家。

理想并不是悬浮空中、与现实无关轻飘飘的存在。我们生活在具体细微的现实里，理想从一开始就是从这个现实里呈现的。有同学想要成为一名出色的软件工程师，重要的是在这一路上踏踏实实把本事学好，在实践中一点一点深入体会研究开发的技能和乐趣，一遍一遍尝试编写尽量少的代码去满足需求，怎么在有限时间内将大问题分拆为小问题，针对小问题进行理解、构思、计划、维护和重用……正是这些本领让你一步步实现了自己的理想。与其说成为工程师实现了自己的理想，不如说，你在成长和做事的过程中找到了理想。

**祝愿你们保持开放，走向辽阔**

同学们，处在这样一个竞争激烈、焦虑盛行的时代，我们如何活出辽阔高远？我希望同学们保持开放的心态先让自己海阔天空，磨砺敏锐的感受力和思考力，给生命保留丰富的入口。

生命的辽阔高远，不只是来自用你过往成绩换来的选择权，也来自人文艺术的温润养育，来自你对真善美的不懈追求。

一个阅读诗歌的人要比不读诗歌的人更难被战胜。我们现在更难应对的是自己如何能避免心的物化，不要物化别人，也不要物化自己。当你跳出功利主义的迷墙和自我专注的深井时，你就会发现世界是多么辽阔高远。

所以，同学们请不要认为没有把时间花在直达目的的路上就是浪费生命，学会生活的基本技能，是体面而有尊严的生存的必修课；也不必抱着"我没有艺术细胞，看不懂艺术"的妄自菲薄，把自己的审美触觉蜷缩在"核桃壳"里。艺术是用来放飞想象的。我希望，在未来，同学们都能"诗意地栖居在大地上"。走进美术馆凝视一幅出类拔萃的画作，走进博物馆看一场展览，不仅可以让我们看到某些新鲜风景，也可以通过这些东西改变我们看待事物的眼光，让眼界格局不断突破与重构。

正如爱因斯坦所说，"我们无法用当初创造问题时的思维来解决今天的问题"。你们这一代将会去解决当今社会面临的许多新问题。你们的突围来自新的想法、独创的解决方案，以及人生旅程中的另辟蹊径。

**祝愿你们心有所信，行至更远**

人生"道阻且长"。未来的路上，困境不可避免，但困境从来不是我们堕落、下沉的理由。

同学们，一个人相信什么，他的未来就会靠近什么。而你更大的格局在于，当经历了许多不敢相信的事情，仍然选择相信真善美，选择坚定；美好的人生，就是不断寻找热爱的人生。

从纳粹集中营死里逃生的弗兰克尔，在最困难的环境下也仍然坚持做一个勇敢、自尊和无私的人。请记住布考斯基的诗句：

> 你的人生是你的，
> 不要让它在困境中屈服。
> 留心注意，
> 会有出路。
> 某处，总会有一盏灯。

高中三年眨眼飞逝，你们也将各自踏上新的旅途。正如你们高一刚进校时所感到的迷茫那样，现在的你们，或许并不比三年前有着更少的困惑和焦虑。而我们希望，过往你在南外高中的所学所得，支撑你在面对未来变化、复杂的环境中，恪守、追寻自己内心最深处的价值追求。

亲爱的同学们，到了要说再见的时刻，道路很宽，未来很远，祝愿大家平安、幸福！你们不需要觉得衣锦还乡才有脸面回母校来看看，静谧的山谷一样有奇景可以分享给我们。赋予自己生命以深广的意义，累的时候也允许自己休息，你们可以回这里，这里永远是你们可以驻足休整的港湾。

谢谢大家！

# 为什么强调不预习的讨论

关于不预习下的发现式教学法，我与李尚志教授（中国首批博士，北京航空航天大学教授，博士生导师，国家"万人计划"教学名师，中国高等教育学会教育数学专业委员会理事长）进行过一次讨论，主要内容如下。

**冯大学：**尊敬的李教授好！我一直在做"不预习下的发现式教学法"的研究，取得很好效果，想和您交流，得到您进一步指导。

**李尚志：**我不大明白你为什么要把"不预习"作为口号，无论如何，预习对于学生没有什么不好。预习就是学生在听课前先对新知识做一些了解，不是老师先给他讲点什么，问题在于预习什么。大部分预习是学生把老师要讲的内容自己先看一遍。你提倡的不预习大概是不需要学生先看，只要当堂启发就好。启发往往是从问题开始，但也可以是前一节课结束时先把这些问题给学生提出，让他们先想，这也是预习，先想过了，不论是否有答案，都有利于下一节课的学习。

**冯大学：**不预习的主要原因是基于大部分学生只看结论，不思考过程。不预习实际上就想让学生什么结论都不知道，学生没有限制，没有目的，课堂上在老师引导下展开思考与讨论。另一方面的原因是现实中许多老师不讲书上的例题，也是因为学生预习了，转而自己找题来讲，实际上课本上的例题往往更具有代表性。工作室几批学员这样做后感觉备课更轻松了，学生学习效果也好了很多。例如，对于三角形全等的判定，教材分三节，把几个判定定理分开讲，也没有证明，仅仅是说明了一下。对于每届学生的教学，我都是从提出判定三角形全等的条件就是确定三角形的条件入手，学生听一节课就能够猜出所有定理，这样，学生思维没有被限制，对定理的理解更深刻。我对三届学生分别上过三次公开课，学生每次的课堂表现都不完全一样，但效果都同样非常好。所以，在我的书里，专门有一节对这个问题进行了详细的讨论。

您说在上节课下课前抛出问题，以及抛出思考题让学生去思考、去讨论，我也经常这么做，效果也很好。只是学生习惯了不提前看书（指预习），思考往往会更深入、更不受限制，经常有新结论出来。例如，解三角形的两边及一边对角（20世纪90年代这部分内容在初中教材），教材都用正弦定理，我们想到的是用余弦定理列一元二次方程来解，用这样的方法解书上例题更准确、更快，后来写成论文发表了，这就是不看教材解法的好处。

李尚志：我还有个疑问，预习应该是学生的行为，而不是老师的行为。你说你的教学是"无预习"，你怎么知道你的学生是否预习过？那些"有预习"的老师采取了什么措施来促使甚至强制学生预习？我这不是故意针对你的教学方式，而是根据逻辑必然会提出的问题。

冯大学：大部分学生比较懒惰，尤其是现在的学生，叫他预习他可能只是看小说那样应付一下，叫他不预习他肯定就不预习了。上课也不准他们翻教材来看，课堂共同活动完成了，才让他们翻开书。当然，因为我还负责数学竞赛辅导，班上部分尖子生是需要超前学习的，这些学生需要深入理解数学思想、数学方法，对他们的自学，我一般单独指导，尤其是要求他们对例题先想先做，然后再对比书上的解答。对于许多定理，我也要求他们先看课本目录后猜测内容，然后再边看边猜，分段深入。

李尚志：其实，这已经不是不预习的问题了，而是你如何预习和如何组织课堂的问题了。确实，许多老师没有教会学生预习，结果是把学生当成了优盘，让学生预习时复制一次，上课再复制一次，反反复复通过复制的方式把学生教会了。这其实是教会了学生记忆与模仿，而不是思考。

冯大学：是的。我曾经听了许多课，老师提前发了导学案，前一天学生做完导学案了，课上老师还反复提问学生，"你得出了什么结论？你发现如何求解？"这哪里有发现，最多就是记忆。我不让学生预习，就是不想学生知道结论，也不要学生受已知结论的影响，在我的引导下，学生自己去猜测、发现。这里发现的内容既可以是解决问题的方法，又可以是新的结论，学生对方法、结论的表述可能是不完善的，但确实是学生的再发现，我可以和学生一起完善，这样有利于学生思维能力的锻炼与提高。

**李尚志：**我可以想象你上课的情形了。现在，部分老师反对让学生发现，认为学生发现是不可能的，也有人要把数学历史上的发现让学生重新进行一次，我认为都是不对的。学生是可以再发现的。在这一点上，我们中国科技大学的老师就做得非常好，总是教会我们如何去思考，如何去发现问题和解决问题，而不是让我们仅仅掌握有关结论，通过模仿做题。我在科大本科学习时间不长，后来在四川大巴山教小学，考研究生前不久才知道要考《抽象代数》，我完全是自学，与我同时考研究生的人，有的学习了很长时间，也做了许多模拟试题，但由于科大老师命题都是原创题目，没有套路可以用，结果我考了第一名，这都是科大最初对我的培养打下的功底。至于重现发现过程，我认为不可取，人类经过了那么漫长的发展过程，怎么可能让学生去重新经历，但创造条件，让学生去体会一下过程或者让学生猜测解法、结论是完全可能的，让学生体会和感受发现，对他们是有益的。

**冯大学：**我这样实验了20多年了，我认为关键是调动学生积极参加到课堂活动中，由于思维活跃了，学生学会了解决问题，而不仅仅会模仿老师给的解法解题，这样解决难题和新题自然也就不是问题了。我先后有四个学生发表了数学小论文，数学竞赛获奖很多，中考、高考成绩都很好。2008年高考，我的班级145分以上人数可以说是全广东省第一，这就是对我教学方法的充分肯定。

**李尚志：**我明白你的意思了，希望你在和别人介绍时，要把一些不合适论文发表的重要东西补充出来，然后一定要另外写说明或者批注，要把你当时具体怎么思考的写下来，让其他人看了之后能够真正理解你当时的想法和做法。

**冯大学：**好的，谢谢李教授！

2017年8月10日

# 后记

　　做名师工作室主持人9年、名校长工作室主持人3年，让我有更多机会走出去看看，和更多的专家同人交流，学习他们的长处。其间，我到过祖国宝岛台湾，到过美国，到过北京、上海、成都、重庆和杭州等城市进入名校与名师进行深入交流。与此同时，我历任深圳市高级中学初中部副校长（2010年7月）、深圳市第二实验学校副校长（2016年1月）、南山外国语学校（集团）副校长、南外高级中学校长（2018年7月）、深圳市松坪学校校长（2021年8月）、深圳市致理中学校长，19年的不同岗位的历练，让我站在更高的角度思考教育教学及管理。我对教育的理解和感受越来越深刻，越来越感觉到自己的不足，写这样一本书，是想帮助自己进一步总结提升，也以此向各位同人学习。

　　写这样一本书，确实是我30多年来的探索与实践的总结，也是我多年的心愿。这里，我要真诚地感谢几位恩师。一位是我高中班主任和数学老师李学峰老师，他当年教我时就任由我思想飞翔，从来都支持我稀奇古怪的想法，支持我大胆的探索，记得当年我不管提出什么想法，他总引导我分析，从来不限制我，从来不阻止我。记得有一次我数学意外考得很差，他问我原因，我说不知道，他说不知道就不管了，无所谓，我的数学肯定是很好的！这种鼓励对一个15岁的孩子来说是多么的重要！在我应付高考这样的大事上，他和他夫人（我的物理老师秦剑虹恩师）专门讨论，我怎样才能够获得更高的总分，他们的策略是让我取长补短，而不是让我齐头并进！这对我后来的教学风格影响很大。

　　在西南大学数学系读书，有幸遇到一批好老师，尤其是在西南大学数学系教改实验组的勤工俭学活动是我这辈子最幸运的事情，在里面我深交了项大容老师、魏林老师等，他们对我后续研究提供了许多支持与帮助，一辈子在指引我，是我终身的恩师，陈重穆校长以及宋乃庆校长更是鼓励我大胆探索，勇于创新。记得1996年我有幸参加高师八院校的数学实验教材修订工作，当时我提出，传统教材都是初一学习有理数时强调正数在数字前面加上"+"号，过一段时间又说"+"号可以省略不写，我们能否在我们的教材上直接不加这个"+"号，没有想到当时主编，西南大学前校长、博士生导师陈重穆要求立即这样修改教材，后来的各种初中教材逐步效仿，这个功劳当归陈重穆老先生，因为是他进一步鼓励了我大胆创新！这几位大学教师对我的教学风格的形成起了决定性的作用。还有一位需要特别提出来的是恩师杨泰良教授，当我对传统的"预习—上课—复习"的教学模式提出我自己的想法与思考时，他先是反对的，说这样与传统不符，不利于我的发展，没有想到的是他在带领实习生听了我的课后，主动帮我设计教育教学模式，指导我做实验，从更高的角度写成高质量的教改论文，《从一项实验谈减轻学生课业负担的途径》和《数学素质教育的实践探索与反思》都是这样完成的，我在文章里面大胆地向外界公布了"不预习"的想法和做法。正由于有众多恩师当年的指导与鼓励才有今天的这些成果！也由于有这些工作以及西南大学的平台，让我有机会多次和当时的中国科技大学数学系主任、中国首批博士李尚志教授交流，向他学习"减负增效"的思想与想法，让我更深刻地理解了数学教学究竟该教什么和该怎么教。在2003年全国进行高中新课标教材编写时，李尚志教授叫我去当他的助手，也由于他大胆地叫我写立体几何内容，大胆地让我主编教师用书，才让我从不同的方面去锻炼自己和进一步提升自我！这几位大学教授，在我成长过程中给了我巨大的帮助，指引我不断提升教育教学水平，让我能够更好地为我的学生服务。谢谢他们！

当然，在不断地实践探索中，我应该感谢我的所有学生与家长，我把他们当"小白鼠"做实验。其实，最初我没有说在做实验，但他们也能够感觉到我的教学与他人的不一样，尤其是当初在初一年级时往往成绩都没有其他班级好时他们仍然支持我。由于我习惯反思与调整，所以，我在后来，尤其是2015年底快离开深圳市高级中学初中部时，我带的初一学生一个学期就取得了突飞猛进的进步。由于学生及家长给予我极大的支持与配合，所以，最后他们都取得了比同龄人更大的成功，也取得了更优异的学业成绩。但实验之初是没有成功先例可以参考的，谢谢他们促成我教改的成功！

我要感谢广东省及深圳基础教育的许多专家及领导，是他们给了我无限的支持与鼓励，也让我更有信心、有胆识把我的教改坚持下来，尤其是在南山外国语学校（集团）高级中学做校长期间，如果没有集团领导、教育局领导及区领导的强有力的支持，我不可能在南外高中顺利地推行我的教育教学改革。尤其是在2018年9月，我提出全校实施教师引导下的"学生自主管理"观念后，没有他们的支持，我不可能推行得下去。南外高中三年，是辛苦的三年，每个人的工作量都很大，尤其是几个中层干部及年级长。当时为了保证教师全身心投入教育教学研究之中，我带领管理干部为老师们排忧解难，为老师们减轻不必要的工作负担，为老师们创造舒适的工作和生活环境，确保老师们健康快乐，保证老师们有好的心情及心态面对学生。成就了老师们，辛苦了中层干部们，让我无比高兴的是，那三年，南外高中的学生健康快乐，幸福感极强，进步率超高，可以说，学生享受了幸福的高中生活，考上了梦想的理想高校。

也是这诸多原因，才有我现在创办深圳市致理中学的更多更成熟的想法与构思，我坚信，深圳市致理中学一定是一个能够促进学生健康快乐成长的好学校。

我要把这本书作为礼物送给我的女儿冯学玙。她不仅是我6年的学生（别人说老师的孩子最痛苦，在父母班上的孩子更痛苦，可见她当年承受了常人无法承受的痛苦），也是我许多想法的第一个被实验的"小白鼠"，还是她用行动和成绩支持了我的所有实验，是她成就我获得了一个第一（第一个将孩子教成中国数学奥林匹克金牌的数学老师）！我曾经告诉女儿，说我成就了她。她高兴地说："爸爸，您说错了，是我成就了您！"想一想，女儿说得非常对，因为一个优秀老师成功的最基本条件就应该是促成学生更健康成长，是成就学生。我的妻子王正先一直默默无闻地支持我。为了我有更多的时间工作和钻研，她离开了地方医院去做校医；当年没有电脑时，她经常熬夜帮我抄写书稿和论文稿。她实在为我付出了太多太多！

谢谢所有帮助我、支持我的人，愿本书能给在教育教学的探索之路上行走的同行以思考。

冯大学

2023年5月1日